KB244745

함께 일하고 싶은 사람은 1%가 다르다

함께 일하고 싶은 사람은 1% 가 다르다

핵심 인재가 알려주는 비밀 21

한봉주 지음

리즈앤북
ries & book

차 례

Ⅲ. 노력만이 끌림을 유지한다

회사생활을 하다 보면 종종 도무지 이해할 수 없는 일들이 벌어지곤 한다. 별 볼 일 없다고 생각한 입사 동기가 갑자기 성과를 많이 내 승진하기도 하고, 좋은 조건을 갖춘 동기가 번번이 승진에서 누락되기도 한다. 같은 일을 하고 비슷한 성과를 낸 것처럼 보여도, 어떤 동기는 핵심 인재(HiPo, High Potential)로 선발되는 데 반해 어떤 동기는 한직으로만 떠돌다 리더의 골칫덩이가 된다.

왜 그럴까 싶은 생각이 든다면 자신이 왜 핵심 인재에 선발되지 못했는가를 생각해봐야 한다. 나보다 먼저 동기가 핵심 인재로 선발되면 '줄을 잘 서서' 혹은 '운이 좋아서'라고 치부해버리곤 하는데, 정말 그뿐일까? 많은 직장인들은 "핵심 인재 선발의 원리 원칙이 없다!"며 불만을 털어놓는다. 그러나 절대, 선발의 원리 원칙이 없는 회사는 없다. 단지 그 원리 원칙이 무엇인지 모르거나 또는 모르는 척하는 것일 뿐, 모든 직장은 매우 치밀하고 촘촘한 원리 원칙으로 짜인 조직이다.

대기업은 물론 중견 기업, 혹은 별다른 제도를 갖추고 있을 것 같지 않은 중소기업도 나름의 정교한 운영의 원리 원칙이 있다. 그 원칙에 따라 신입사원이 채용되고, 업무평가가 이루어지고, 연봉이 책정되고, 승진과 발탁이 결정된다. 그런데도 '원리 원칙이 없다'고 쉽게 단정 짓는 사람들이 많다. 진심으로 당신이 그런 사람이 아니길 바란다. 그런 사람은 직장생활의 제1원칙부터 무시하고 들어가는 사람이다. 바로 '직장에는 존중해야 할 원리 원칙이 있다'는 제1원칙 말이다.

모든 결과에는 반드시 원인이 있다. 실패한 삶이든 성공한 삶이든 모두 그 나름의 이유가 있다. 직장생활을 잘해서 성과를 인정받고 승진을 움켜쥔 핵심 인재에게도 한 가지 분명한 나름의 이유가 있다. 바로 회사의 누구라도 그와 함께 일하고 싶어 한다는 것이다. 이제 막 회사에 입사한 신입사원이나 핵심 인재로 성장하려는 직장인들은 이 점을 주목해야 할 것이다. 만약 직장생활이 만족스럽지 않다면 제일 먼저 주위 동료들과의 관계를 돌아보아야 한다. 동료들에게 자신이 어떤 모습으로 비치는지 확인해봐야 한다.

기업 성패의 중심에는 늘 '함께 일하고 싶은 핵심 인재'가 있다. 더욱이 급변하는 경영 환경에 유연하게 대응하며 지속적으로 성장하기 위해서는 인재가 절실히 필요하다. 인재야말로 그 회사를 차별화시키는 진정한 경쟁력이다. 사실 한 회사의 전략적 목표는 핵심 인재에 의해 달성된다고 해도 과언이 아니다. 결국 핵심 인재가 회사의 향방에 결정적인 영향을 미친다고 할 수 있다.

평상시와 달리 어려운 경제 상황이나 조직의 변화 시기에는 구성원 평가가 더욱 엄격해진다. 직장인의 운명이 하루아침에 가을날의 낙엽과도 같은 신세가 되는 혹독한 시절이다. 그러나 누구라도 함께 일하고 싶어 하는 핵심 인재는 회사가 어려울수록 더 많은 관심을 가지고 챙기게 된다.

한 예를 들어보자. 외환은행이 론스타에 매각된 뒤 외국인 은행장이 들어와 구조조정을 할 때의 일이다. 새 은행장은 기획 및 지원 부서의 모든 팀장들과 팀원들 각각에게 선택권을 주었다. 팀장에게는 앞으로 함께 일하고 싶은 팀원들을 선택하도록 하고, 팀원들에게도 함께 일하고 싶은 팀장을 선택하도록 했다. 그리고 여기서 선택 받지 못한 이들은 팀장이건 팀원이건 가리지 않고 대기발령을 내버렸다. 그동안 한 번도 겪은 적 없는 평가 앞에 회사는 당연히 발칵 뒤집혔다. 그 다음에 혁신적인 변화들이 뒤따랐음은 물론이다.

핵심 인재와는 반대로, 함께 일하고 싶지 않은 사람들도 있다. 그런 사람들은 회사를 나간다고 해도 절대로 붙잡지 않으며, 오히려 회사가 내보내려고 애를 쓴다. 무슨 그런 당연한 이야기를 하나 싶을지도 모른다. 하지만 이 당연한 진실을 제대로 아는 직장인은 거의 없다. 알려고만 하면 알 수 있고, 조금만 더 노력하면 완전히 달라질 수 있는데도 아무것도 않고 있으니 옆에서 보는 입장에선 안타깝기 그지없다. 고생은 고생대로 하면서 성과는 없고, 회사에 대한 불평과 불만으로 버티는 직장생활이 안타깝다. 조금만 눈을 돌리면 성공과 성장의 길, 좋은 평가와 인정을 받을 수 있는 길이 바로 옆에 있는데 말이다.

회사에는 단순하게는 회의를 준비하는 일부터 신규 사업을 위한 기획에 이르기까지 크고 작은 문제들이 있고, 거의 언제나 그 중심에는 동료들과의 관계가 있다. 따라서 높은 성과를 내고 본인이 원하는 상태로 바꾸려면 반드시 동료와의 관계를 개선해야 한다.

핵심 인재 뒤에는 반드시 친밀한 관계의 협조자가 있다. 그들에게는 가족, 동료와 리더, 심지어 고객을 끄는 힘이 있다. 원하는 것을 얻고 싶다면 다른 사람의 협조를 이끌어낼 수 있어야 한다. 동료들을 끌 수 있는 남다른 무기가 하나도 없다면, 경쟁이 난무하는 직장은 너무나 힘든 곳이 된다.

최근 취업 포털사이트 인크루트는 직장인 435명을 대상으로 함께 일하고 싶은 상사·후배에 대한 설문을 진행했다. 조사 결과, 함께 일하고 싶은 상사에는 '친구 같은 상사'(35.4%)가, 함께 일하고 싶은 후배에는 '넉살 좋은 후배(38.2%)'가 1위를 차지했다. 다시 말해서 함께 일하고 싶은 사람은, 인간의 심리나 행동을 예리하게 분석하고 남을 잘 이해하며, 다른 사람들과 친구처럼 쉽게 교류할 수 있는 대인관계 능력을 가진 사람이다.

대인관계 능력의 차이란 거창한 데 있는 것이 아니다. 함께 일하고 싶은 사람과 그렇지 않은 사람의 차이는 쉽게 눈에 띄지 않는 작은 것에서 출발한다. 다른 사람의 의견을 몇 분 더 경청하는지 여부가 함께 일하고 싶은 사람과 그렇지 않은 사람의 차이를 만든다. 특히 겸손한 태도, 칭찬의 빈도와 방식이 관계의 질을 좌우한다. 작은 성취에 대한 감사 정도와 표현 방식, 문제가 생겼을 때 본질을 짚어내고 어떤 해결 방안을 제시하는지에 따라 동료와의 관계는 달라진다.

만약 동료들과의 관계가 원만하지 않다면, 그 자리에 누가 있었는지 생각해보라. 그곳에는 항상 당신이 있었다. '함께 일하고 싶은 핵심 인재'가 되기 위해서는 반드시 거창한 작업이 필요한 것은 아니다. 다른 사람을 변화시킬 것이 아니라 먼저 자기 자신이 변해야 한다. 남 탓만 할 것이 아니라 문제의 원인을 자기 내부에서 찾아내야 한다. 몇 가지 태도나 일하는 방법에 변화를 주는 것만으로도 자신을 '함께 일하고 싶은 사람'으로 변화시킬 수 있다.

회사가 붙잡는 핵심 인재가 되고 싶은가? 어떠한 어려운 환경이나 구조조정에서도 승승장구하고 싶은가? 언젠가는 회사의 CEO 명함을 넘겨받고 싶은가? 그렇다면 회사의 누구든지 '함께 일하고 싶은 사람'이 되도록 노력해야 한다. 회사가 붙잡는 핵심 인재는 바로 '이것'을 실천하는 사람들이다.

나는 현재 SK텔레콤에서 1%의 핵심 인재를 발굴해 육성하는 조직에서 일하고 있다. 이 책은 저자가 직장생활을 하면서, 또 교육 담당자로서 오랫동안 핵심 인재를 육성하면서 '함께 일하고 싶은 사람'의 특징을 직접 체험하고 경험한 내용들로 작성하였다. 이 책은 한 개인의 집요한 기록을 바탕으로, 모든 직장에서 적용되고 있는 '함께 일하고 싶은 핵심 인재의 비밀' 가운데 직장인들이 잘

  함께 일하고 싶은 사람은 1%가 다르다

모르고 있거나, 알면서도 그 중요성을 간과하고 있는 점들을 가감 없이 쓴 것이다.

이 책의 내용 중에는 직장인들이 미처 생각하지 못한 내용도 있을 것이고, 더러는 모두 아는 내용도 있을 것이다. 그러나 내용이 어떻든 읽다 보면 자연스럽게 우리 회사의 누구, 우리 팀의 누구 혹은 내가 아는 동기나 동료 가운데 어떤 사람을 떠올리게 될 것이다. 그리고 그들이 왜 핵심 인재로 선발이 돼서 승진을 했고, 어쩌다가 한직으로 밀려나고 골칫덩이가 되었는지 알게 될 것이다. 또한 스스로를 다시 한 번 되새김질하며, 자신에 대한 회사의 평가, 리더와 동료들의 평가가 어떤 것인지 가늠할 수 있게 될 것이다. 그 부분을 명확히 깨우칠 수 있다면 당신의 생활 터전인 직장 생활이 달라질 수 있고, 그 작은 변화가 동료들의 평가를 바꿔놓을 수도 있을 것이다.

어려운 시기를 힘겹게 지나고 있는 직장인들에게, 부디 움츠러들지 말고 어깨를 펴라고 당부하고 싶다. 기회란 누구에게든 열려 있기 때문이다. 멋지게 도약하여 그동안 품어온 꿈을 향해 나아가라. 이 책에 언급하고 있는 '함께 일하고 싶은 핵심 인재가 알려주는 비밀' 중에서 몇 가지만이라도 이해하고 실행에 옮긴다면, 회사 내 자신의 평가가 최소한 한 단계씩은 올라갈 것이라고 확신한다.

책이 독자에게 전달되도록 격려해주시고 애써주신 많은 분들께 진심으로 감사하는 마음을 전하며 여기에 기록해둔다.

한봉주

이 책은 핵심 인재가 되기 위한 이론서가 아니다. 단지 핵심 인재가 알려주는 '함께 일하고 싶은 사람'의 특징과 정보가 집약된 책이다. 그러다 보니 모든 비밀을 알아야 한다고 지레 겁을 먹는 독자도 있을 것이다. 그래서 각자의 시공간적 제약, 개인적 필요, 적합한 방법에 맞춰 책을 이용하는 선택과 집중이 중요하다. 한마디로 모든 비밀을 알지 않아도 무관하다는 뜻이다. 단지 이 책에서 최대한 많은 정보를 채득하여 자신에게 가장 알맞은 몇 가지 비밀로 직장생활을 개선해 나가길 바랄 뿐이다.

무엇보다 제일 먼저 부탁드리고 싶은 것은, 여러분의 소중한 시간을 투자해 책을 읽기로 했다면 수동적인 자세가 아니라 적극적인 자세로 읽어야 한다는 점이다. 그렇다면 적극적인 자세로 읽는다는 것은 무엇인가? 스스로에게 질문을 하면서 읽는 것이다. '나는 왜 이 책을 읽어야만 하는가?', '이 책을 통해 얻으려고 하는 것은 무엇인가?', '함께 일하고 싶은 사람이 되기 위한 핵심 인재의 비밀을 어떻게 활용할 것인가?' 이런 질문을 하면서 읽으면 자신만의 답을 얻을 수 있을 것이다.

다음은 이 책을 활용하는 세 가지 방법에 대한 제안이다. 이중에서 자신에게 가장 알맞은 방법을 선택하여 사용하라고 조언하고 싶다.

1. 책의 차례에 있는 비밀들을 슬쩍 훑어봐서 자신이 아는 비밀은 넘어가고 가장 흥미로운 비밀만 살펴본다. 이미 직장생활을 잘하고 있지만, 자신의 몇 가지 약점을 개선하고 싶은 독자에게 추천하고픈 가장 쉽고 빠른 방법이다.

2. 하루에 하나씩, 비밀을 단계적으로 좀 더 철저히 학습한다. 지속적인 노력을 통해 자신이 일하는 방식에 큰 변화를 일으키고 싶은 독자들에게 강력하게 추천하고 싶은 방법이다.

3. 직장생활의 특별한 순간이나 필요에 적용할 수 있는 특정 비밀만 골라 읽는다. 이 방법을 이용하고자 한다면 언제든 쉽고 빠르게 참고할 수 있도록 이 책을 항상 손닿는 곳에 보관하는 것이 좋다.

책을 읽을 때, 남의 책을 빌려볼 때처럼 깨끗하게 보는 사람들이 많다. 그러나 이 책을 읽을 때는 색깔 펜을 들고 새겨둘 내용이 눈에 띄면 색칠을 해두거나 밑줄을 그어도 보자. 자기만의 생각을 여백 한편에 적고, 별표(★)나 느낌표(!) 등 온갖 부호들을 동원해 느낌의 강도를 알뜰하게 남겨두자. 만약 이해가 안 되는 부분이 있다면 의문부호(?)로 표시해두고 나중에 다시 읽어보고, 틀렸다고 생각되는 부분이 있으면 과감하게 X를 긋고 자신이 생각하는 대안을 여백에 적어보자. 그러면 공동 저자로서 자신이 쓴 책을 읽는 기쁨을 맛보게 될 것이다.

Ⅰ.품성이 사람을 끌어당긴다

꽃에 향기가 있듯이 사람에게는 품성이란 것이 있다.
그러나 꽃도 그 생명이 생생할 때에만 향기가 신선하듯이
사람도 마음이 맑지 못하면 품성을 보전하기 어렵다.
썩은 백합꽃은 잡초보다도 그 냄새가 고약하다.

● 윌리엄 셰익스피어

꽃에는 향기, 인간에게는 품성이 있다. 품성은 겉모습을 꾸민다고 만들어지지 않는다. 내부에서 우러나오지 않는 조작된 품성은 어색하고 우스울 뿐 아니라, 언젠가 그 속이 들통 나게 마련이다. 먼 곳에서 찾을 것도 없다. 주위를 둘러보면, 갑자기 높은 성과로 성공의 자리에 올랐지만, 잘못된 품성으로 모든 것을 하루아침에 잃는 안타까운 경우를 어렵지 않게 발견할 수 있다.

'함께 일하고 싶은 사람'에게서는 사람의 향기가 난다. 그들은

구체적인 의도나 목적을 가지고 겉모습으로 사람을 대하지 않는다. 만남에서 얻어내고자 하는 목적만을 겨냥하지도 않는다. 함께 일하고 싶은 관계를 형성하는 것은 거래가 아니라 품성의 문제이기 때문이다. 좋은 품성을 통해 동료들의 마음을 얻고, 서로가 서로를 좋아해야 함께 일하고 싶은 관계가 형성이 되는 것이다. 결국, 함께 일하고 싶은 사람과 그렇지 않은 사람의 결정적인 차이는 능력이 아니라 바로 품성이다. 좋은 품성을 지닌 사람만이 품격 높은 조직과 회사를 만든다.

품성의 힘을 최대한 활용하려면 품성이 무엇이고 어떻게 작동하는지부터 먼저 알아야 할 것이다. 품성品性은 성질과 성품을 아우르는 말이다. 성질은 기질에 가깝기 때문에 바꾸기 어렵지만, 성품은 의義에 기초를 두고 있기 때문에 윤리 도덕적 내면의 자기계발 교육을 통해 달라질 수 있다.

사람은 누구나 다르기 마련이기에 품성이 형성되는 과정 또한 사람마다 다르지만, 핵심 인재에게 공통적으로 적용되는 비밀들이 있다. 그것은 직장생활에 만연해 있고 일상생활에서도 빠지기 쉬운 '나' 중심의 사고방식을 버리는 데서 시작된다.

'내가 나를 어떻게 생각하느냐'가 아니라 '주위 동료가 나를 어떻게 생각하느냐'로, '동료가 나를 위해 무엇을 해줄 수 있을까'가 아니라 '내가 동료를 위해 무엇을 할 수 있을까'로, '이 상황이 내게 어떤 이득이 될까'가 아니라 '어떻게 하면 이 상황이 우리 모두에게 이득이 될 수 있을까'로 생각하는 사람이 된다면, 그것이 저절로 우러나오는 마음가짐이 된다면, 그런 품성을 가지고 있는 사람과 어느 누가 함께 일하고 싶지 않겠는가?

함께 일하고 싶은 관계를 형성하는 과정에서 이 품성 중심의 패러다임을 적용하면 허위虛僞의 순간을 최소화하고, 함께 일하는 기회를 놓치는 일도 예방할 수 있다. 또한 자신만의 타고난 품성稟性을 찾아내어 그 자질을 동료들과의 유대에 활용하면, 함께 일하고 싶은 관계를 형성하고 동료 모두를 만족으로 이끌 수 있다. 품성品性으로 형성된 유대는 더 행복하고, 더 편안하며, 더 의미 있는 인간관계를 선물할 것이기 때문이다.

자, 이제 발상의 전환이 필요하다.

- '나'에게서 '동료'로
- '일'에서 '모든 화제'로
- '지금 당장'에서 '장기적'으로

함께 일하고 싶은 관계의 본질적인 진실은 바로 여기에 있다. 중요한 것은 '나'가 아니라 동료들과의 '관계'다. '함께 일하고 싶은 사람'이 되기 위한 첫 단계는 이 부분을 이해하는 것이다. 품성의 의미를 제대로 이해했다면 이제 장기적이고 서로에게 유익한, '함께 일하고 싶은 관계'를 창조할 수 있다. 그 대상이 오랫동안 함께 일한 동료든 처음 만난 동료든 그것은 문제가 되지 않는다. 품성에서는 저항할 수 없는 매력이 뿜어져 나오기 때문이다.

1부에서는 '함께 일하고 싶은 관계'의 진실과 중요성, 품성이란 무엇인지에 대해 알아보고자 한다. 나아가 우리가 특정 상황에서 보여주는 태도가 동료들에게 어떤 인식을 심어주는지, '함께 일하고 싶은 관계'를 형성하는 능력에 어떻게 영향을 미치는지 살펴본다. 또한 각각의 비밀을 깊이 있게 파헤쳐 그것이 우리의 일과 회사 상황에서 어떻게 작용하고, 어떻게 하면 그 비밀들을 우리의 직장생활에 효과적으로 접목할 수 있는지를 탐구한다.

생각을 조심하라. 생각은 말의 씨가 된다.
말을 조심하라. 말은 행동으로 이어진다.
행동을 조심하라. 행동은 습관이 될 수 있다.
습관을 조심하라. 습관은 품성을 만든다.
품성을 조심하라. 품성은 운명을 바꾼다.

● 『탈무드』 중에서

Secret 1.

겸손은 호감을 부른다

잘난 척하는 것은 해독제로 음독자살을 하는 것이다.
To be proud of virtue is to poison oneself with the antidote.

● 벤저민 프랭클린

핵심 인재가 알려주는 '함께 일하고 싶은 사람'의 첫 번째 비밀은 무엇이라 생각하는가? 능력? 자질? 아니다. 능력이 최고라고 생각하는 사람에게는 황당한 답변이겠지만, 회사에서 '함께 일하고 싶은 사람'이라고 판단하는 첫 번째 기준은 능력이 아니라 바로 '겸손modesty'이다. 겸손의 영어 단어인 modesty는 mod(=mode or method 방법) + e + st(=stand 서 있다) + y(접미사)로 구성되어 있다. 세상의 이치와 방법을 알고 행동하는 자신을 낮추는 행위, 즉 자신이 서 있어야 할 자리를 아는 것을 말한다. 기원전 6세기 사상가 노자老子는 "가장 이상적인 생활 태도는 물과 같은 것이다. 물은 만물에 혜택을 주면서 상대를 거역하지 않고, 사람이 싫어하는 낮은 곳으로 흘러간다."고 했다. 즉, 물과 같이 낮은 데로만 흘러가는 겸손을 지녀야만 직장생활에서의 실패를 면할 수 있다.

반대로 잘난 척하는 것, 즉 허세를 부리는 교만은 벤저민 프랭클린Benjamin Franklin의 말처럼 "독을 중화시키는 해독제를 마시고도 스스로를 죽음으로 몰아넣는 것"이라고 할 수 있다. 이 말은 교만이 음독자살만큼이나 위험함을 일깨우는 동시에 겸손의 중요성을 역설적으로 표현하고 있다. 여기서 명심해야 할 점은, 내가 아는 모든 것을 다른 사람도 알고 있다는 것이다. 나만 알고 있다는 자만심은 스스로를 망친다. 우리가 겸손해야 하는 이유가 여기에 있다.

최근 취업 포털사이트에서 직장인 705명을 대상으로 실시한 설문조사에 따르면, 직장인들의 생존전략 1위는 '스스로 몸을 낮추고 겸손하게 행동한다(24.1%)'였다. 또한 직장인 1,254명을 대상으로 실시한 '직장에서 이런 사람은 100% 왕따'라는 설문조사에서는, 왕따 1순위가 '잘난 척하는 사람(19.1%)'이었다. 2위는 17.1%를 기록한 '독불장군형(타협을 모르는 사람)', 3위는 15.9%를 차지한 '난 꼭 끼리형(사사건건 끼어드는 사람)', 4위는 15.1%를 차지한 '공주·왕자형(자신이 직장 최고의 얼짱, 맘짱, 일짱이라고 착각하는 사람)' 등이었다.

교만의 반대편에 선 미덕이 바로 겸손이다. 함께 일하고 싶은 사람과 그렇지 않은 사람의 차이는 쉽게 눈에 띄지 않는, 아주 작은 겸손에서 출발한다. 도움이나 협조에 고마움을 표시하는 '감사하다'는 말 한마디, '잘했다'고 인정하는 말 한마디, '미안하다'고 먼저 사과하는 말 한마디가 항상 사람들을 끌리게 한다. 회사에서 인정을 받기 위해서는 동료를 존중하고 자기를 내세우지 않는 겸손한 태도를 보이는 것이 중요하다. 그런 사람들이 결국, 뛰어난 업무능력을 지닌 사람보다 '함께 일하고 싶은 사람'이 되는 것이다. 겸손한 행동은 호감의 씨앗이 되기 때문이다.

그렇다면 우리가 업무를 수행할 때, 동료에 대한 호감은 대체 얼마 만에 형성될까? 연구 결과에 따르면, 호감을 형성하는 데 걸리는 시간은 불과 4초에 불과하다고 한다. 이 4초에 불과한 시간 동안, 상대에 대한 호감은 무엇을 근거로 형성되는 것일까? 호감은 겸손함에서 나오는 표정이나 말투, 복장 등 극히 제한된 정보로 형성된다. 또한 겸손함을 위장한 교만인지, 진정한 겸손함인지 상대방은 느낌으로 또는 대화로써 금방 알아차리게 된다. 겸손한 사람은 곁에 있는 동료들의 호감을 받게 되고, 호감을 받으면 그 사람의 마음을 얻는 것이나 다름없다. 이렇게 한 번 형성된 호감은 웬만해선 바뀌지 않는다.

어찌하여 한 번 형성된 호감은 쉽게 바뀌지 않는 것일까? 그것은 뇌의 정보처리 과정에서 처음에 들어온 정보가 나중에 들어온 정보보다 훨씬 더 중요하게 작용하기 때문이다. 이를 '초두 효과 Primacy Effect'라고 한다. 심리학자 애시는 아주 간단한 실험을 통해 초두 효과가 현실에서 매우 일반적인 현상임을 밝혀냈다. 그는 두 그룹의 사람들에게 어떤 인물에 대한 성격을 여섯 가지 특성으로 설명해주었다. 하지만 성격 특성을 알려주는 여섯 가지 순서는 다음과 같이 완전히 달랐다.

<hr>

A그룹

똑똑하다 ▶ 근면하다 ▶ 즉흥적이다 ▶ 비판적이다 ▶ 고집이 세다 ▶ 시기심이 많다

<hr>

B그룹

시기심이 많다 ▶ 고집이 세다 ▶ 비판적이다 ▶ 즉흥적이다 ▶ 근면하다 ▶ 똑똑하다

참여자들은 설명을 토대로 그 사람에 대한 호감도를 평가했다. 재미있는 것은, 성격 특성 중 어떤 내용을 먼저 들었는지에 따라 사람들의 호감도가 완전히 다르게 나타났다는 사실이다. 긍정적인 내용을 먼저 들은 A그룹은 부정적 내용을 먼저 들은 B그룹에 비해 소개받은 사람을 훨씬 더 긍정적으로 평가했다.

호감을 가지고 있는 사람이 겸손하면 미덕으로 느껴지지만, 호감이 없는 사람이 겸손하면 거만함으로 느껴진다. '겸손하다'는 똑같은 정보라도 호감도에 따라 완전히 다르게 해석되기 때문이다. 왜 그럴까? 바로 초기 정보가 후기 정보에 대한 해석 기준을 제공하기 때문이다. 이처럼 처음 제시된 정보가 나중에 들어온 정보 처

리의 기준이 되고, 전반적인 맥락을 제공하는 것을 호감의 '맥락
효과Context Effect'라고 한다. 따라서 한 번 형성된 호감은 여간해서
는 바뀌지 않는다. 그러므로 처음 만난 사람에게 자신을 보여줄 때
는 겸손함의 위력을 명심해야 한다. 상대방에게 호감을 주고 싶다
면 겸손해야 한다.

직장은 CEO에서 이제 막 입사한 신입사원에 이르기까지 일련
의 위계적 명령과 통제의 구조를 가지고 있다. 그러다 보니 상사
는 업무를 부여하는 권한이나 평가할 권한, 심지어 새로운 팀을 만
들면서 누구를 배제하고 누구를 참여시킬지 선발하는 권한까지
도 가지고 있다. 이를 위해 상사는 부하직원들에게 "누구 좀 괜찮
은 사람 없어?"라고 의견을 물어보는데, 부하직원들은 겸손한 사
람을 최우선으로 추천하게 되어 있다. 주위 사람들에게 겸손한 사
람으로 인정받으면 중요한 업무를 맡게 되고, 수행한 경험은 실력
향상으로 이어지고, 실력이 향상된 만큼 다시 중요한 업무를 맡게
된다. 그런 선순환 과정 속에서 상사나 동료로부터 인정을 받으며
성장하는 것이다.

아무리 똑똑한 사람이라도 동료가 추천해주지 않으면 요령부
득要領不得일 뿐이다. 사실 '똑똑한 사람'들은 한 가지 치명적인 한
계를 가지고 있는데, 그건 똑똑할수록 동료를 무시하는 경향이 강
하다는 점이다. 왠지 동료가 허점투성이일 것 같고, 하는 일마다
서툴고 어설퍼 보이기까지 한다. 그래서 그 일에 대해 무시하는 발
언을 하거나 비꼬는 말로 상처를 주게 된다. 이런 태도가 자리 잡

게 되면 나중에는 "왕년에는 내가 말이야~"라는 식으로 반말과 허풍을 잔뜩 쏟아내게 되고, 동료들은 "다시는 저 사람과 같이 일하고 싶지 않아!"라고 생각하게 된다. 직장생활에서 성공하지 못하는 것은 결코 '운'이나 '똑똑한 사람을 알아보지 못하는 천박한 세상' 탓이 아니다. 따라하면 성공하게 되는 '성공의 법칙'이 있듯이, '동료를 무시하는 똑똑한 사람'들에게는 반드시 실패하고야 마는 '필패의 법칙'이 여지없이 적용될 뿐이다.

큰 고생을 했거나 엄청난 노력으로 성공한 사람들이 오만의 포로가 되는 이유 중의 하나는 바로 '내가 어떻게 해서 여기까지 왔는데…'라는 생각 때문이다. 1959년 심리학자 엘리엇 애런슨과 저드 밀스는 "최소한의 노력으로 획득한 사람보다 엄청난 어려움과 고통을 이겨내고 성취한 사람이 자신의 결과물에 대해 더 가치 있게 여기는 경향이 있다."는 연구 결과를 발표했다. 이런 심리적 현상을 '노력 정당화 효과Effort Justification Effect'라고 한다.

이를테면, 해병대는 혹독한 훈련을 통해 자연스럽게 다른 집단이 이해할 수 없는 고도의 동질감을 형성하고 엄청난 자부심도 가지게 된다. 이는 자신이 속한 집단에 대한 애정으로 발전하는 긍정적인 측면도 있지만, 한편으로는 스스로 '나는 다르다'는 강한 엘리트 의식도 갖게 한다. 문제가 되는 것은, 이러한 의식을 가진 사람들이 간혹 서비스를 제공하는 감정 노동자들에게 폭력이나 폭언 등의 행동으로 물의를 일으키는 경우가 많다는 점이다.

대표적인 사례가 최근 세상을 떠들썩하게 했던 기내 폭행 사건이다. 국내 최대 철강회사 계열사 임원인 A상무는 미국 로스앤젤레스로 향하던 도중 탑승기의 서비스가 마음에 안 든다는 이유로 담당 여승무원 B씨의 얼굴을 잡지로 가격했다. 비즈니스 석에 탑승한 A씨는 이륙 전부터 옆자리가 비어 있는 좌석으로 자리를 바꿔 달라며 승무원들에게 욕설을 하는 등 행패를 부렸다. 비행기가 이륙한 후 기내식이 제공되자 이번에는 "밥이 설익었다"며 기내식을 바꿔 달라고 요구했고, 다시 제공된 기내식도 마음에 안 든다며 결국에는 "라면이라도 끓여오라"고 승무원 B씨에게 요구했다.

승무원 B씨가 라면을 끓여오자 이번에는 "라면이 설익었다", "너무 짜다" 등의 이유로 수차례 "다시 끓여오라"고 요구했다. A씨는 B씨에게 "니가 한번 먹어봐라. 너 같으면 먹겠냐?" 등의 폭언도 서슴지 않은 것으로 알려졌다.

급기야 A씨는 두 번째 기내식 서비스가 제공될 때 갑자기 기내 갤리(승무원들이 기내식을 준비하는 주방)로 들어가 "왜 라면을 주문했는데 가져다주지 않느냐!"며 들고 있던 잡지책으로 승무원 B씨의 눈 윗부분을 가격했다. 이밖에도 A씨는 안전띠를 매 달라는 승무원의 지시에 따르지 않는 등 10시간이 넘는 비행시간 내내 기내에서 행패를 부렸다.

결국 기내 폭행 사건을 보고받은 기장은 LA 공항 도착 전 착륙 허가를 받으면서 미국 당국에 이 사실을 신고했다. A씨는 신고를 받고 출동한 미국 연방수사국(FBI) 요원들에 의해 착륙 직후 연행됐다. FBI는 A씨에게 '입국 후 구속 수사'와 '미국 입국 포기 후 귀국’ 등 두 가지 방안을 제시했고, A씨는 미국 입국을 포기하고 몇 시간 뒤 또 다른 대한항공편으로 한국으로 돌아왔다. 이후 언론에 의해 세상을 떠들썩하게 했던 A씨는 보직 해임되고 퇴직 처리되고 말았다.

이번 사태의 원인에 대해서는 52.3%가 ‘개인의 인성 문제’를 꼽았고, 해당 임원의 ‘보직 해임 및 퇴직’이라는 사후 조치에 56.8%가 ‘적절한 수습 조치’였다고 답변했다. 이와 함께 기업 이미지 회복 전망 관련 질문에는 ‘회복은 되겠지만 상당한 시간이 소요될 것’이 49.5%로 나타나 이미지 회복에는 시간이 걸릴 것으로 예상했다.

‘물은 깊어질수록 고요하고, 벼는 익을수록 고개를 숙인다’고 했다. 겸손한 사람일수록 남을 인정하고, 무능한 사람일수록 자신의 능력을 과대평가한다. 미국 코넬 대학의 데이비드 더닝 교수는 개인의 논리적 사고력을 측정하는 쪽지시험을 치른 뒤 학생들에게 자신의 점수와 등수를 예측해보라고 했다. 흥미로운 것은, 논리적 사고력이 뛰어난 학생보다 부족한 학생이 자신의 등수를 높게 책정했다는 점이다. 이를 ‘더닝 크루거 효과Dunning Kruger Effect’라고 한다.

중요한 것은 ‘내가 나를 어떻게 생각하느냐’가 아니라 ‘주위 동료가 나를 어떻게 생각하느냐’다. 그래서 동료는 중요한 가치를 지닌 사람들이다. 그 가치를 평가받기 위해 가장 염두에 두어야 할 것이 바로 ‘겸손’이다. 겸손이야말로 사람을 얻는 가장 뛰어난 방법

중의 하나이며, 그 겸손은 바로 진실함에서 나온다. 그래서 피터 드러커는 리더에게 가장 요구되는 요소를 '진실함integrity'이라고 표현한 것이다. 결과적으로 진실과 겸손은 동질의 요소라 할 수 있다.

그렇다면 겸손해지기 위해 우리는 어떻게 해야 할까?

1. 자신의 생각이 반드시 옳은 것은 아니라고 여긴다.
2. 자신이 가진 기준이 모든 사람에게 적용되는 것은 아니라고 여긴다.
3. 자신이 알고 있는 지식은 모든 지식의 극히 일부분이라고 여긴다.
4. 자신이 상처 입은 상황이 모두 상대방의 잘못만은 아니라고 여긴다.

이러한 마음가짐이 바로 겸손으로 가는 출발점이다.

호감은 사진처럼 한 번 박히면 바꾸기가 매우 어렵다. 이 사실을 명심하고, 좋은 행동을 하기보다 나쁜 행동을 하지 않으려고 애써야 한다. 처음에 나쁜 인상을 심어주었다면 몇 배의 좋은 행동을 보여주도록 노력해야 할 것이다.

책을 읽다가 '겸손은 땅이다'라는
대목에 눈길이 멈췄습니다.

겸손은 땅처럼 낮고, 밟히고,
쓰레기까지 받아들이면서도

그곳에서 생명을 일으키고
풍성하게 자라
열매 맺게 한다는 것입니다.

더 놀란 것은 그동안
내가 생각한 겸손에 대한
부끄러움이었습니다.

나는 겸손을
내 몸 높이로 보았습니다.
몸 위쪽이 아닌 내 발만큼만
낮아지는 것이었습니다.

그런데 겸손은 그게 아니었습니다.
내 발이 아니라
그 아래로 더 내려가는 것이었습니다.

그러므로
밟히고, 눌리고, 다져지고,
아픈 것이 겸손이었습니다.

그 밟힘과 아픔과 애태움 속에서

나는 쓰러진 채 침묵하지만

남이 탄생하고 자라

열매 맺는 것이었습니다.

겸손은

나무도, 물도, 바람도 아닌

땅이었습니다.

● 「행복한 사람들의 이야기」 중에서

'함께 일하고 싶은 사람'은
호감을 얻는 법이 다르다

• 한번 형성된 호감은 왜 바꾸기가 어려운가?

____

____

____

• 엘리트 의식을 가질 때 빠질 수 있는 함정은 무엇인가?

____

____

____

• 다른 사람에게 겸손하지 못한 행동을 했던 일이 있는가? 어떻게 해야
긍정적인 호감으로 바꿀 수 있을까?

____

____

____

진정성은 울림이 있다

다른 사람을 아는 것은 지식이지만
나를 아는 것은 지혜이다.
다른 사람을 지배하는 것은 힘이지만
나를 지배하는 것은 진정한 능력이다.

● 노자

함께 일하고 싶은 관계를 형성하는 데 절대적으로 옳거나 틀린 방식은 없으며, 원래부터 '정해진' 하나의 정답이 존재하지도 않는다. 사람들의 생각, 행동, 신념, 지식, 경험, 가치관 등은 저마다 모두 다르다. 그래서 누군가는 옳다고 여겨지는 방식이 다른 누군가는 엉터리처럼 느껴지기도 한다. 그럼에도 불구하고 상식적인 수준에서 모든 사람에게 동일하게 적용되는 방식이 있는데, 그것이 바로 '진정성authenticity'이다.

대체 직장인들은 얼마나 생활 속 거짓말에 익숙해져 있을까? 한 중앙 일간지는 국내 대기업에서 일하는 20~40대 100명(남60/여40)을 대상으로 설문조사를 실시했다. 설문은 '가장 많이 하는 거짓말', '거짓말을 잘할 것 같은 집단' 등 10개 항목이었다. 응답자들은 '업무 관계(32.4%)' 및 '대인 관계(31.4%)'와 관련해 거짓말을 가장 많이 한다고 답했다. 두 응답률의 차이는 1%에 지나지 않았고, 남녀의 차이는 거의 없었다. 거짓말의 대상에 대한 질문에는 '직장 상사(37.9%)'가 첫손에 꼽혔다. 반면에 "자신에게 가장 거짓말을 많이 한다고 생각하는 사람은 누구인가?"라는 질문에는 '친구나 동료(41.8%)'가 1위를 차지했다. '직장 상사(28.6%)'는 2위를 기록해 직장인들은 직장 상사에게 거짓말을 많이 하면서 동시에 자신도 많이 속고 있다고 생각하는 것으로 나타났다.

조사 결과로만 보면 '직장은 거짓말 세상'이 아닌가 싶은 생각에 뒤끝이 씁쓸하다. 언제부터 직장인은 솔직하지 못한 사람들, 직장 동료들은 거짓된 인연이라는 공식이 자리 잡게 되었는지 모르겠다. "거짓말은 인간의 본성"이라고 한 마키아벨리의 주장을 액면 그대로 받아들이긴 거북하지만, 거짓말이 일상의 한 부분을 차지하고 있음을 부정하기는 어렵다. 나부터도 직장을 다니면서 가장 많이 들었던 말이 "절대로 사람을 믿지 마라.", "너의 모습을 전부 보여주지 마라."였다. 직장생활에서의 인간관계는 다 소용이 없다는 의미인가? 대체 왜 직장에서는 진정성 있는 모습을 보이면 안 되는 걸까?

진정성이란 참된 자신의 모습, 즉 솔직한 반응과 진실한 열정을 의미한다. '함께 일하고 싶은 사람'이 되기 위해서는 그대로의 자신 모습을 나누는 것이 가장 중요하다. 자신의 참된 모습을 드러내면 동료들도 같은 방식으로 반응하며, 이때 상호 이해와 인간관계 형성의 바탕이 만들어진다. 즉 "자기 자신에게 진실한 사람은 다른 누구에게도 거짓을 보이지 않는다."라는 셰익스피어의 말처럼, 자신의 진심을 동료에게 가감 없이 드러낼 때 함께 일하고 싶은 관계를 형성하려는 노력이 절정의 효과를 발휘한다.

사실 동료의 마음을 얻는다는 건 우주를 얻는 것과 같이 어려운 일이다. 동료의 마음을 사로잡는 '마법의 지팡이' 같은 것은 이 세상에 존재하지 않는다. 마음을 열기 위해선 진심이란 열쇠가 필요하다. 동료의 입장을 먼저 헤아리고 건네는 말 속에 진정성이 녹아 있어야 한다. 그래야만 동료는 당신을 기댈 수 있는 안식처로 생각할 것이고, 꼭꼭 닫았던 마음의 문을 조심스레 열 것이다. 진정성이야말로 모든 인간관계를 더 수월하게, 또 오랫동안 유지할 수 있는 비밀이다.

그런 면에서 진정성은 거울이다. 거울 앞에 서서 내가 먼저 웃으면 거울 속에서도 나를 향해 환한 웃음을 짓는다. 그러나 내가 찡그리면 거울 속에서도 똑같이 불쾌한 표정으로 되갚는다. 이처럼 진정성은 자신이 상대에게 보여준 대로 상대 또한 자신에게 되돌려주는 것이다. 자신의 아름다운 진심을 상대가 그대로 돌려주고, 자신이 나눠준 생각들도 다시 자신에게 되돌아온다. 진정성이야말로 "주는 만큼 받는다", "뿌린 대로 거둔다"라는 표현이 적절한 예이다. 그중에서도 가장 적합한 표현이 바로 인과응보因果應報일 것이다.

대표적인 사례가 2011년 10월 5일, 생을 마감한 스티브 잡스다. 2005년 스탠포드 대학교 졸업식 연설에서 스티브 잡스는 '참된 자신의 모습에 도달하는 과정으로 이어지는 점들'이라고 표현하고 있다. 그는 스무 살에 부모님 집 차고에서 자신이 창업했던 회사에서 해고당한, 서른 살 시절의 이야기를 청중들에게 들려주었다. 그의 연설 내용은 자신을 속이지 않는 것, 즉 진정성이 왜 중요한지를 여실히 알려준다.

"나는 아주 공식적인 실패자였습니다. 실리콘 밸리로부터 도망쳐 떠나버릴까도 생각했습니다. 그러나 차츰 이런 생각이 들기 시작했습니다. '나는 여전히 내가 하는 일을 사랑하고 있다. 애플에서 쫓겨났다고 해서 그런 생각까지 변한 것은 아니다.' 나는 쫓겨났지만, 여전히 내 일을 사랑하고 있었던 것입니다. 그래서 나는 새롭게 출발하기로 결심했습니다. 그때는 전혀 몰랐지만, 애플에서 해고된 건 내게 일어날 수 있었던 일 중 최고의 사건이었습니다. 성공에 대한 부담이 사라진 대신, 모든 것이 불확실하지만 새롭게 다시 시작할 수 있는 가벼움으로 대체되었습니다. 그 사건 덕분에 저는 더욱 창조적으로 살아갈 수 있게 된 것입니다."

직장에서는 '진정성이 거울'이라는 원리를 확인시켜주는 상황이 수도 없이 많이 일어난다. 상대방이 동료든 고객이든 그 어떤 상황이든, 자신이 뿌린 진정성이 함께 일하고 싶은 관계를 형성하는 데 결정적인 영향을 미친다. 가령 자신의 하루가 힘들면, 만나는 사람의 하루도 똑같이 힘들다. 내가 진정성이 넘치고 상황에 효과적으로 대처하면, 만나는 사람도 긍정적이고 발전적이다. 어떤 상황이든 진정성 있는 태도와 행동은, 동료들이 느끼는 자신의 호감에 긍정적인 영향을 미친다. 동료들의 평가, 즉 그들의 인식이 바로 함께 일하고 싶은 관계를 좌우하게 되는 것이다.

그렇다면 앞서 말한 모든 것이 궁극적으로 의미하는 바는 무엇일까? 함께 일하고 싶은 관계를 형성하는 과정의 일부가 누군가를 만나기 전부터 시작된다는 사실이다. 바로 진정성의 시작은 '나로부터'이다 진정성에 관한 철학적 기원은 '너 자신을 알라'라고 말한 소크라테스까지 거슬러 올라간다. 사실 이 말은 델포이의 아폴론 신전 현관 기둥에 새겨져 있었는데, 그것을 본 소크라테스가 자신의 좌우명으로 삼았다는 주장도 있다. 진실이야 어찌 됐건, 우주의 근원에 대한 물음을 주로 했던 당시의 철학자들과 달리 소크라테스는 자신의 내면에 대해 질문함으로써 철학의 방향을 바꾼 것은 사실이다.

소크라테스 철학의 핵심은, 누구나 자신의 무지를 깨닫는 순간 현명한 사람이 될 수 있다는 것이다. 그러려면 먼저 자신의 근원에 대한 본질적 질문인 '나는 누구인가?'를 통해 스스로를 막다른 곳으로 몰아놓아야 한다. 그래야 자신을 근원에서부터 바라볼 수 있기 때문이다. 이렇게 소크라테스는 진실한 내면과 외면의 차이를 성찰함으로써 참된 자신의 모습을 찾아가는 '진정성 철학'의 시조가 되었다.

참된 자신의 모습을 찾아가는 과정은 파올로 코엘료의 소설 『연금술사(문학동네, 2001)』에 나오는 주인공 산티아고나, 캠벨이 쓴 『신화의 힘(이끌리오, 2002)』에 나오는 영웅들의 행적에 비유할 수 있다. 『연금술사』의 주인공 산티아고와 『신화의 힘』에 나오는 영웅들은 영혼의 종소리에 이끌려 긴 여행을 떠난다. 영웅들은 자신과 부족의 본질적인 문제를 해결하기 위해 안정된 생활을 버리고, 거대한 산과 강을 건너고 끝이 보이지 않는 길을 떠나는 고난의 여행을 시작한다. 어둠의 세력도 만나고, 도적은 물론 적대적인 부족도 만나고, 때로는 길동무를 만나기도 한다. 그러다 길을 잃을 때면 어김없이 자신의 존재 이유를 확신시켜주는 북극성이 여행의 길잡이가 되어준다. 북극성은 영혼이 잠들지 않도록 끊임없이 종소리를 들려준다. 영혼의 종소리는 산티아고가 역경을 극복하고 연금술사를 만나 비법을 전수받도록 인도해주기도 하고, 영웅들이 고난을 뚫고 불로장생의 명약을 얻어 금의환향錦衣還鄕하도록 인도하기도 한다.

이들의 여행에는 영혼의 종소리에 대한 믿음으로 온갖 고난과 역경을 이겨냈다는 공통점이 있다. 고난과 역경을 극복해서 얻은 연금술이나 불로장생의 명약은 참된 자신의 모습을 찾아 치열하게 성장하는 과정을 거쳐 얻은 품성과 같다. 고단한 여행을 통해 참된 자신의 모습을 완성하면 미숙했던 자신의 과거도 치유가 된다. 영웅들이 구한 명약이 자신뿐만 아니라 자신이 두고 떠났던 부족민들까지 치유해주는 만병통치약인 것처럼, '함께 일하고 싶은 사람'의 진정성은 동료들의 진정성 획득에도 큰 역할을 할 수 있다.

이처럼 진정성이란 참된 자신을 발견할 때 비로소 빛나는 것이며, 이 진정성을 발현시킴으로써 동료들과의 진정한 인간관계도 가능해지는 것이다. 또한 진정성은 진실한 내면의 이야기에 귀 기울이고, 어떤 상황에서든 내면의 목소리에 따라 행동하는 것을 의미한다. 참된 자신의 모습에 다가선 사람은 의심스럽고 불편하거나 곤혹스러운 상황도 기꺼이 받아들이며, 참된 자신의 모습을 바탕으로 해결책을 찾는다. 나아가 진정성은 스스로 원하고 필요로 하는 곳으로 당신을 데려다준다. 동료들에게 당신을 '함께 일하고 싶은 사람'으로 연결해주는 통로가 바로 진정성인 것이다.

가끔은 함께 일하고 싶지 않은 사람과 일을 할 때도 있다. 이때 대부분의 사람들은 솔직한 감정을 숨기면서 불편한 마음을 속에 담아두고 관계를 유지하려고 노력한다. 문제는 솔직한 감정을 감추기 위해서는 상대방을 속일 수밖에 없는데, 이런 행동들은 상대방의 눈에도 뻔히 보인다는 점이다.

함께 일하고 싶지 않은 사람일수록 가식적인 미소나 사탕발림으로 자신의 적개심을 포장하려 해서는 안 된다. 물론 자신을 힘들게 한다고 해서 그 사람을 무시해서도 안 된다. 그렇다면 어찌 해야 할까? 이럴 땐 그 사람의 장점을 찾아야 한다. 때로는 성향이 달라서 함께 일하기 싫은 사람도 있고, 반대로 너무 닮은 탓에 서로를 긴장시키는 사람도 있다. 두 상황 모두 자신과 다른 사람들의 면면을 직시할 좋은 기회다.

1. 당신의 약점을 장점으로 가지는 사람을 이해하고 존중할 수 있는가?
2. 함께 일하고 싶지 않은 사람을 이해하고 존중할 수 있는가?
3. 두 가지 상황 모두에서 자기 스스로를 이해하고 존중할 수 있는가?

함께 일하고 싶지 않은 사람이라도 편견 없이 바라보고, 자신이 인정하거나 혹은 존경할 만한 무언가를 찾아내야 한다. 이런 자질을 발견하는 순간부터 그 사람과의 상호작용은 완전히 달라지며, 모든 대화와 행동도 진정성에서 우러나오기 때문에 과거보다 훨씬 편안하고 느긋해진다. 진심으로 타인의 장점에 집중할 수 있다면, 자신의 진정성은 자연스럽게 향상된다.

'함께 일하고 싶은 사람'은
마음의 울림이 다르다

• 직장생활에서 진성성이 중요한 이유는 무엇인가? 동료들에게 나의 모습은 어떻게 비치는가?

____

____

____

• 진정성이 있는 사람과 그렇지 못한 사람의 특징을 비교해보면 무엇이 다른가?

____

____

____

• 나의 진정성이 전달되도록 말투, 태도, 행동 등을 어떤 식으로 바꿔야 하는가?

____

____

____

Secret 3.

공감은 사람과 사람을 잇는다

내 비밀은 이런 거야. 매우 간단한 거지.

오로지 마음으로 보아야만 정확하게 볼 수 있다는 거야.

가장 중요한 것은 눈에는 보이지 않는 법이야.

● 생텍쥐페리 『어린왕자』 중에서

존경 받는 리더나 핵심 인재에게는 사람과 사람을 연결할 수 있는 공통점이 하나 있는데, 바로 뛰어난 공감empathy 능력이 있다는 사실이다. 영어 단어 'empathy'는 그리스어 'empatheia'에 어원을 두고 있다. 이 단어는 '안(in)'이라는 의미를 갖는 접두사 'em'과 '느낌(feeling)'이라는 의미의 'pathos'가 합쳐져 '그 사람의 느낌 속으로 들어간다'는 의미를 가지고 있다. '함께 일하고 싶은 사람'이 되려면, 먼저 상대방의 입장에서 그가 왜 그렇게밖에 행동할 수 없었는지를 곰곰이 생각해보아야 한다. 모든 행동에는 반드시 이유가 있기 때문이다.

누군가에게 '공감하고 있다'는 느낌을 주려면, 다른 사람의 입장에 서야 한다. 일찍이 공자는 원만한 인간관계의 황금률로 상대방의 처지에서 생각해보는 '역지사지易地思之'를 들었는데, 사실 모든 관계의 갈등은 역지사지의 부족에서 생긴다고 해도 과언이 아니다. 차이를 인정하고 입장을 바꿔 생각할 줄 아는 사람은 동료의 협력이나 협조, 지지를 쉽게 이끌어낸다. 반대로 상대방의 눈을 통해 세상을 바라볼 수 없다면 함께 일하고 싶은 관계를 형성할 수 없다. 서로의 차이를 인정하지 않아 발생하는 오해의 싹은 갈등의 씨앗으로 작용하지만, 차이를 인정하면 이해가 싹트고 갈등이 사라진다.

미국에서 있었던 일이다. 한 노인이 빵을 훔쳐 먹다가 잡혀서 재판을 받게 되었다. 판사가 "나이도 있는 분이 염치없이 빵이나 훔쳐 먹으면 되겠습니까?"라고 한마디 던지자, 노인이 눈물을 글썽이며 "사흘을 굶었습니다. 그러다 보니 아무것도 보이지 않았습니다."라고 대답했다. 판사는 이 말을 듣고 한참을 생각하더니, "빵을 훔친 절도 행위는 벌금 10달러에 해당됩니다."라고 판결을 내렸다. 그리고는 자신의 지갑에서 10달러를 꺼내더니, "그 벌금은 제가 내겠습니다. 그동안 좋은 음식을 너무 많이 먹은 죄에 대한 제 스스로의 벌금입니다."라면서 노인의 벌금을 대신 내주었다. 판사는 이어 "이 노인은 재판장을 나가면 또다시 빵을 훔치게 되어 있습니다. 그러니 여기 모인 방청객 분들도 그동안 좋은 음식을 드신

분들은 조금씩이라도 기부를 해주십시오."라고 말했다. 이에 공감한 방청객들은 호주머니를 털어 모금에 동참했고, 모금액이 1920년대 당시 돈으로 47달러나 되었다.

만약 판사가 노인의 입장에서 생각하지 않았다면, 노인의 가슴에 상처를 주었을 것이고 방청객으로부터 공감을 얻지도 못했을 것이다. 이 판사의 이름이 바로 리과디아Fiorello H. LaGuardia로, 훗날 뉴욕 시장을 3번이나 연임(1934~1945)한 인물이다. 뉴욕 시민들은 뉴욕 주 퀸즈에 있는 공항에 그의 이름을 붙여 그를 기리고 있다.

회사에서 일을 하다 보면, 종종 자기와 다른 의견을 가진 사람에 대해 반감을 느끼고 반사적으로 공격 자세를 취하는 사람들이 많다. 그들은 자신과 다른 의견을 틀린 것으로 몰아붙이고, 다른 의견을 자신에 대한 도전이나 비난으로 간주해버린다. 상사나 동료와의 관계부터 조직 간의 관계, 노사관계 등에서 나타나는 대부분의 갈등은 '다른 것=틀린 것'이라는 생각에서 비롯된다.

사람들이 서로의 입장을 이해하기 어려운 이유는, 비록 동일한 자극이라 할지라도 각기 다르게 해석하기 때문이다. 이는 각자의 지식이나 경험, 특히 욕구가 다르기 때문으로, 지극히 당연한 일이다. 이런 사실을 자연스러운 현상으로 받아들이지 못한다면, 바로 그때부터 차이가 발생하고 관계에 금이 가기 시작한다.

이 세상에 나와 똑같은 사람은 단 한 명도 없다. 타고난 자질뿐 아니라 경험이 모두 다르고, 생각도 제각각이기 때문이다. 그래서 같은 문제라도 모두 다른 방식으로 해결하려고 한다. 각자의 필터로 정보를 걸러내기 때문이다. '함께 일하고 싶은 사람'이 되기 위해서는 무엇보다 먼저 '사람들은 모두 다르다'는 사실을 인정해야 한다. 그리고 머릿속에서 '다른 것=틀린 것'이라는 공식을 삭제해야 한다. 공감은 다름을 인정하는 것에서 출발하기 때문이다. 어떤 유형의 갈등도 상대방의 입장에서 이해하려고 노력하면 공감할 수 있는 실마리가 보인다.

그렇다면 어떻게 해야 상대의 공감을 이끌어낼 수 있을까?

1. 입이 아니라 귀를 이용하라

공감을 이끌어내는 데 문제가 있다고 인식하는 사람들 중 상당수가 자신의 말주변 탓이라고 생각하는데, 그것은 잘못된 생각이다. 공감의 문제는 말을 못해서가 아니라, 대부분은 제대로 상대방의 말을 듣지 않아서 생긴다. 마음의 문을 열게 하려면 먼저 자신의 귀를 활짝 열어 놓아야 한다.

조리 있게 말을 잘하는 사람은 어디에서든 부러움의 대상이 된다. 하지만 부러워하는 것과 좋아하는 것은 다르다. 오히려 부럽다는 감정으로 인하여 시기와 질투의 대상이 되기도 하고, 관계에 거리가 생기기도 한다. 공감을 이끌어내기 위해서는 말을 잘하는 것보다 잘 들어주는 자세가 필요하다. 말하는 것보다는 상대방의 말을 듣는 것이 우선이라는 뜻이다. 대부분의 사람들은 같은 말이라도 자기 말을 잘 들어주었던 사람의 말에 더 공감하는 경향이 있다.

사람들은 왜 자기 말에 귀를 기울여주는 사람의 말을 더 공감할까? 사람들은 누구나 누군가 자신의 입장을 존중하며 이야기를 들어주면, 슬픔이나 분노가 해소되고 마음이 후련해지면서 감정을 정화시켜 주는 카타르시스Catharsis를 느끼게 된다. 또한 진지하게 들어주는 사람에게는 반항할 구실이 없기 때문에 반발심이 생기지도 않는다. 결국, 공감의 힘은 입이 아니라 귀에서 나오는 것이다.

상대방의 말에 귀를 기울이면 그 사람 역시 내 말을 잘 들어주기 때문에 공감대 형성이 쉽다. 받는 대로 갚는다는 '상호성의 원리Reciprocity Principle'가 작용하기 때문이다. 공감 또한 받는 대로 갚는 것이다. 따라서 '함께 일하고 싶은 사람'이 되기 위해서는 말하는 것보다 제대로 듣는 법을 먼저 배워야 한다.

몽골제국을 건설한 탁월한 군사 전략가이자 제왕인 칭기즈칸Chingiz Khan은 배운 게 없어 이름도 쓸 줄 몰랐지만 항상 남의 말에 귀를 기울였다. 세계를 정복한 그는 "내 귀가 나를 현명하게 가르쳤다."고 말할 정도였다. 마찬가지로 '함께 일하고 싶은 사람'들은 말을 아끼는 대신 주로 귀를 기울이고 질문을 많이 한다. 그들은 혼자 떠드는 것으로는 문제 해결을 위한 정보를 얻을 수 없다는 사실을 잘 알기 때문이다.

누군가와 공감하고, 지금보다 더 좋은 관계를 유지하고 싶다면 말을 하기보다 잘 들어야 한다. 그리스의 스토아학파 철학자 에픽테스토Epictetus도 말하지 않았던가! "신神이 인간에게 두 개의 귀와 하나의 입을 주신 것은 말하기보다 듣기를 더 많이 하라는 뜻이다.”라고 말이다.

상호성의 원리는 공감대 형성뿐 아니라 거부감에도 적용되기 때문에 주의해야 한다. 예컨대, 인사하는 것을 깜빡해서 상대방에게 불쾌감을 주면 상대방 역시 똑같은 방식으로 대응할 것이기에 둘의 사이는 악화될 수 있다. “저 사람이 나를 우습게 보는 거였어? 그럼 나도 우습게 봐야지!” 같은 비극적인 결과를 초래할 수도 있다.

2. 비슷한 점을 찾아라

‘유유상종類類相從(같은 사람은 서로 찾아 모인다)’, ‘동변상련同病相憐(같은 병으로 고생하는 처지에 있는 사람끼리 서로 불쌍히 여겨 동정하고 도움을 준다)’, ‘동기상구同氣相求(기풍과 뜻을 같이하는 사람은 서로 동류를 찾아 모인다)’라는 말은 모두 사람들은 서로 비슷한 사람들을 좋아한다는 의미를 갖고 있다. 낯선 사람이라도 취향, 생활환경, 버릇, 습관이 비슷하거나 고향 혹은 출신 학교가 같다는 공통점은 상대방을 이해하거나 공감하는 데 큰 도움이 된다. 이는 서로 비슷한 점을 갖고 있는 사람끼리 호감을 느끼는 ‘유사성의 원리Principle of Similarity’가 작용하기 때문이다.

심리학자 엠스윌러는 연구 참여자들을 정장차림과 히피 복장의 두 팀으로 나눈 다음 주변 사람들에게 전화를 걸기 위해 10센트만 빌려 달라고 부탁하게 했다. 사람들은 자신과 비슷한 복장을 한 연구 참여자, 즉 정장을 한 연구 참여자가 정장을 한 사람에게 또는 히피 복장을 한 연구 참여자가 히피 복장을 한 사람에게는 70% 이상이 동전을 빌려주었지만, 자신과 다른 복장을 한 사람에게는 50% 이상이 거절하였다. 즉, 사람들은 같은 부탁이라도 자신과 비슷한 사람의 부탁에 더 공감하는 것으로 나타났다.

반대로 자기와 공통점이 없는 사람에게는 반감을 느끼는 '반감 가설Repulsion Hypotheses'이 작용한다. 종교나 정치 성향의 차이로 비롯된 전쟁 등의 예로 알 수 있듯이 인간은 자기와 다른 사람은 배척하려는 경향이 있다.

루스벨트 대통령은 만나는 사람과 공감대를 형성하기 위해 만나기 전에 그 사람의 직업이나 취향, 관심을 가질 만한 주제나 자료를 미리 파악해서 공통분모를 찾았다. 그와 이야기를 나눈 사람은 한결같이 자신이 존중받는다는 느낌을 받았다고 한다. 이처럼 공통분모를 찾아내면 공감대를 형성하기 훨씬 쉬워진다.

3. 자주 접하라

"자주 보면 정든다."는 말이 있다. 실제로 자주 만나다 보면 좋아지는 것은 보편적인 현상이다. 상대방과 만남을 거듭할수록 호감을 갖게 되는 '단순 노출 효과Mere Exposure Effect'가 작용하기 때문이다.

미국의 심리학자 로버트 자이언스Robert Zajonc는 대학생들에게

12장의 얼굴 사진들을 무작위로 여러 번 보여 주고 얼마나 호감을 느끼는지 측정했다. 사진을 0회, 1회, 2회, 5회, 10회, 25회 등 6가지 조건으로 나누어 보여준 다음 호감도를 분석한 결과, 사진을 보여주는 횟수가 증가함에 따라 호감도도 증가했다. 즉 모르는 사람의 사진도 자꾸 반복해서 봄으로써 친근감이 생겨 호감을 느끼게 된 것이다.

직장생활에서도 마찬가지다. 그다지 왕래가 없었던 서먹한 동료와 팀을 이루게 되어 자주 접촉하다 보면, 어느새 상대방과 공감대가 형성되어 있는 경험을 해본 적이 있을 것이다. 이는 가끔씩 오랜 시간을 함께하는 것보다 짧은 시간이라도 자주 마주치는 이성에게 더 끌리는 현상과 같다. 실제로 우리 주위를 둘러보면, 직장생활을 함께하다가 연인이 되거나 결혼한 커플을 어렵지 않게 발견할 수 있다.

놀라운 사실은, 의도적인 만남으로도 공감대를 형성할 수 있다는 것이다. 많은 영화배우들이 함께 촬영하다가 사랑에 빠진다. 리처드 버튼과 엘리자베스 테일러는 〈클레오파트라〉를 찍다가 사랑에 빠졌고, 브래드 피트와 안젤리나 졸리는 〈미스터&미세스 스미스〉에서 부부 역할로 나왔다가 연인이 되었다. 이처럼 처음에는 비록 의도적인 만남이었을지언정 시간이 지나면서 함께하는 시간이 늘면 친밀감이 상승되고 공감대를 형성하게 되는 것이다.

'함께 일하고 싶은 사람'이 되고 싶다면, 되도록 동료를 자주 만나는 것이 도움이 된다. 상대방이 연락하기 전에 내가 먼저 연락을 하고, 필요할 때만이 아니라 평소에도 간간이 안부를 전해보자. 만나기가 힘들다면 간단한 안부 메일을 보내는 것도 좋다. 책이나 TV를 보다가 동료가 흥미를 느낄 만한 내용이 있으면 첨부해서 보내보자. 어떤 형식으로든 자주 접할수록 공감대는 쉽게 형성할 수 있다.

마음과 마음을 잇는 방법이 다르다

- 동료들은 왜 자신의 입장을 이해하고 공통점이 있는 사람을 좋아하고, 그렇지 못한 사람을 싫어할까?

- 공감대를 잘 형성해 누구하고든 쉽게 친해지는 사람을 한 명 떠올려보자. 그는 그렇지 못한 사람과 무엇이 다른가?

- 상대의 공감을 이끌어내기 위해서 나는 어떻게 달라져야 하는가?

사람에게는 인품,
말에는 언품이 있다

말이 도리에 맞지 않으면 말하지 아니함만 못하다.

言不中理 不如不言

● 『명심보감』 언어편 중에서

말 한마디로 사람의 마음을 얻을 수 있을까? 한마디의 실수로 신뢰를 잃는 것은 한 순간이지만, 그 신뢰를 되찾는 데는 남은 인생이 걸린다고 했다. 그래서 말을 의미하는 한자 '언(言)'에는 묘한 뜻이 숨어 있다. 두 번(二) 생각한 뒤에 입(口)을 열어야 비로소 말(言)이 된다는 것이다. "말 한마디로 천 냥 빚을 갚는다."는 속담처럼 적절한 말 한마디가 한 사람의 목숨과 인생을, 나아가 조직생활까지 바꿔놓을 수 있다.

대화는 말이라는 음성 기호를 통해 상대방의 마음을 여는 행위다. '함께 일하고 싶은 사람'들은 이 점을 누구보다도 잘 알고 있기에 상대와 음성만 주고받는 게 아니라 진심을 나누기 위해 노력한다. 그래서 어렵고 개념적인 단어를 동원하기보다 쉽고 간결하게 말한다. 또한 적절한 때 정제된 말로 자신의 생각과 감정을 조리 있게 표현하고, 속마음을 꺼내 보인다. 무엇보다 상대의 입장을 헤아리기 위해 귀를 열 줄도 안다.

‘함께 일하고 싶은 사람’에게는 인품뿐 아니라 말의 품격도 있다. 그게 바로 언품言品으로, 말이 갖추어야 할 위엄이나 기품을 말한다. 당신은 상대의 귀와 가슴에 감동을 주는 말, 상대의 가슴에 오랫동안 머무는 기품 있는 말을 하고 있는가? 아니면 소음처럼 거칠고 깃털보다 가벼운 말을 아무 생각 없이 내뱉고 있는가?

“내 언어의 한계가 내 세계의 한계”라는 비트겐슈타인Ludwig Wittgenstein의 말을 깊이 생각해봐야 한다. 이 말은 자신이 사용하는 언어의 한계에 의해 자신의 세계가 한정된다는 말인데, 이를 반대로 생각하면 “내 언어의 한계를 확장하면 내 세계의 한계를 확장할 수 있다.”는 의미이기도 하다.

내 언어의 한계를 확장하기 위한 언품을 갖추려면 어떻게 해야 할까?

1. 잘못이나 실수를 했을 때 신속하게 사과하라

진정한 사과의 말에는 언품이 있다. 사과의 영어 단어는 ‘apology’로, 그리스어 ‘apologia’에서 유래했다고 한다. 이 말은 ‘apo(떨어지다)'와 'logos(말)'가 합쳐진 단어로, '죄로부터 벗어날 수 있는 말'이라는 의미를 갖고 있다.

회사에서 일을 하다 보면 누구든 잘못과 실수를 한다. 티끌 한 점 없이 완벽하게 일을 처리하는 사람은 존재하지 않는 법이다. 언품은 실수 이후의 단계에서 나타난다. 실수를 해결하는 과정에서 중요한 것은 임기응변臨機應變이 아니라 '미안합니다', '죄송합니다'와 같은 책임 있는 사과의 말이다. 이때 사과는 다 똑같은 사과가 아니다. 진정한 사과가 담겨 있는 사과는 나무에서 열리는 것이 아니라, 가슴 속에서 열리기 때문이다.

사과는 어떻게 하는가에 따라 용서를 받기도 하고 오히려 화를 당하기도 한다. 그렇다면 사람들은 사과하는 이의 어떤 모습을 보고 화를 내기도 하고 용서하기도 하는 것일까? 바로 그 핵심에 진정성이 있다. 사과를 할 때는 정확히 '어느(what)' 부분에서 '어떤(why)' 이유로 미안한 감정을 느끼는지 구체적으로 말해야 한다. 즉, 자신이 저지른 잘못을 분명하게 인식하고 있다는 사실을 상대방에게 전달해야 하는 것이다.

게다가 사과는 한 번으로 그치지 않고 두 번 이상 되풀이해도 전혀 문제가 되지 않는다고 한다. 유대교법에 "우리의 잘못을 속죄하기 위해서는 반드시 최소한 세 번 사과해야 한다."고 규정하고 있는 것과 같은 이치다. 최상의 사과는 자신의 잘못이나 실수에 대해 솔직하게 인정하고, 직접 얼굴을 맞대고 하는 것이다. 당연히 변명과 합리화는 금물이다. 자기변명과 합리화로 포장된 사과는 듣는 이의 마음을 움직이지 못하기 때문이다.

세상에는 사과할 잘못을 저지르고도 사과를 하지 않는 사람들이 많다. 도대체 왜 그런 걸까?

첫 번째 이유는, 그들에게는 자기반성 능력이 없기 때문이다. 자기가 잘못한 것을 깨닫지 못하는 사람은 결코 사과할 수 없다. 만약 잘못을 깨닫더라도 어떻게든 책임을 회피하기 위해 상대방이 원인을 제공했기 때문이라며 자신의 잘못을 정당화한다.

두 번째 이유는, 그들이 교만하고 자기중심적이기 때문이다. 그들은 다른 사람의 잘못은 그냥 넘어가지 못하지만, 자기의 잘못이나 실수에는 너그럽다. 그래서 자기가 무언가 잘못을 했더라도 사과할 필요성을 느끼지 못하고 오히려 적반하장 격으로 상대방을 몰아붙이는 경우가 많다.

세 번째 이유는, 그들이 자신감이 없고 열등감이 심하기 때문이다. 그런 사람 역시 먼저 사과할 수 없다. 그들에게 잘못이나 실수를 인정하는 것만큼 끔찍한 일은 없다. 자기의 잘못을 인정하는 것은 자기가 틀린 것이며, 그것은 곧 열등감을 재확인하는 일이기에 그들은 결코 사과하지 않는다.

많은 사람들이 스스로 자신의 잘못을 알면서도 사과하지 않는다. 사과를 함으로써 잃는 것이 많다고 생각하기 때문이다. 그러나 실제로는 사과를 해서 잃는 것보다 하지 않아서 잃는 것이 훨씬 많다. 잘못을 저지르고도 사과를 하지 않으면 '함께 일하고 싶지 않은 사람'으로 낙인이 찍힌다.

무엇보다 사과를 함으로써 생기는 가장 큰 이득은 마음의 짐을 덜 수 있다는 점이다. 사과란 용서를 전제로 하는 것도, 이기려고 하는 것도 아니다. 단지 그것이 옳은 일이기 때문에 하는 것이다. 사과란 실패자의 강요받은 굴복이 아니라 자긍심 있는 사람이 선택하는 주도적인 행동이다. '함께 일하고 싶은 사람'이 되기를 원한다면 절대로 '미안하다', '죄송하다'는 말을 두려워해서는 안 된다. 직접 대면하기가 불가능하다면 시간을 늦추지 말고 전화나 편지 등의 다른 수단을 생각해보아야 한다.

사과할 때 지켜야 할 7가지 규칙

1. '만일' 혹은 '그러나'라는 변명을 위한 표현은 금물이다.

2. 수동적인 표현 대신 능동적인 표현을 사용하라.

3. 유머는 사과문에 적절하지 않다.

4. '제가 어떻게 했으면 좋겠습니까?'라고 묻지 마라.

5. '저'라는 표현으로 시작한다.

6. 상대방의 이름을 불러주어라.

7. 너무 길게 말하지 마라.

2. 작은 도움이나 친절에도 감사하라

'감사'라는 단어는 '느낄 감(感)'과 '사례할 사(謝)'로 만들어졌으며, 우리말 사전에는 '고맙게 여기는 마음'으로 풀이하고 있다.
우리말 '감사'에 해당하는 영어 단어 'gratitude'는 'grat(=growing
grace 신의 은총이 자라는 것)' + 'it(=go 가다)' + ude(명사형 접미사)로
구성되어 '신의 은총을 받는 행위'라는 의미이다. 감사하는 마음
을 갖는 사람은 신의 가호가 넘치게 되어 있다. 감사는 은총(grace)
이 자랄 수 있는 마음의 토양이다. 이 토양을 기름지게 잘 가꾸어
야 풍성한 은총의 열매를 맺을 수 있다. 누군가에게 감사한다는 것
은 그 사람을 기쁘게 하는 것이므로 감사할 줄 아는 사람들은 항
상 더 많은 것을 얻는다.

'함께 일하고 싶은 사람'들은 다른 사람들의 작은 도움이나 배
려를 당연시 여기지 않는다. 작은 친절에도 고마워하며 어떤 식으
로든 감사의 뜻을 전한다.

10여 년간 감사의 마음을 연구해온 로버트 에먼스Robort Emmons
교수는 여러 실험을 통해 그의 가설을 검증했다. 한 실험에서는 참
가자들을 두 그룹으로 나눈 다음, 한 그룹에는 10주 동안 매주 다
섯 가지의 감사를, 다른 그룹에는 걱정거리를 기록하게 했다. 결과
는 매우 놀라웠다. 감사 그룹은 불평 그룹에 비해 삶의 만족도가
상승하고 건강이 좋아진 것이다. 두통, 기침, 어지러움 등이 줄었으
며, 운동도 더 많이 하는 등 행복지수가 높아졌다. 또 다른 만성질
환자 그룹 실험에서도 기쁨과 자부심 같은 긍정적인 감정이 많아
지고, 이웃을 돕는 등 사회적 봉사를 했으며, 깊은 숙면을 취하면
서 건강이 좋아졌다. 그는 "사람이 은혜를 저버리면 자아가 위축되

는 반면, 감사하는 마음을 가지면 자아가 확장된다."고 설명했다.

소냐 류보머스키Sonja Lyubomirsky 교수는 6주간의 감사 효과에 관한 새로운 실험을 했다. 한 그룹은 매주 한 번, 다른 그룹은 세 번씩 감사 기록을 했다. 흥미롭게도 매주 한 번 기록한 그룹은 행복이 확실히 증가했으나, 세 번 기록한 그룹은 평균적으로 효과가 없었다. 어쩌면 매주 세 번이나 기록하는 일이 성가셔서 싫증이 났을지도 모른다. 다른 실험에서도 한 주에 한 번 정도의 감사 기록이 가장 효과적이었다. 물론 평균이라는 것은 어디까지나 통계적인 숫자이기 때문에 자기의 성향에 적합한 횟수로 감사일지를 기록하면 행복지수는 상승할 것이다.

작성 방법은 아주 간단하다. 어떤 환경에 있든지 감사일지를 일주일에 최소 한 번 이상 쓰는데, 누구에게, 무엇을, 왜 감사한지를 구체적으로 적는다. 그러다 보면 불행한 마음, 원망하는 마음이나 비참한 마음이 사라지게 된다. 우리에게 감사하는 마음이 없다면 원망과 증오심, 저주하는 마음이 그 자리를 차지할 것이다.

지난 12월 5일 95세를 일기로 별세한 넬슨 만델라Nelson Rolihlahla Mandela 전 남아프리카공화국 대통령은 무려 27년간을 감옥에서 생활했다. 감옥에서 나올 당시 그는 70세가 넘었는데도 불구하고 아주 건강하고 씩씩한 모습으로 걸어 나왔다. 취재를 온 한 기자가 건강한 그의 모습을 보고 물었다. "다른 사람들은 5년만 감옥살이를 해도 건강을 잃는데, 어떻게 27년 동안 감옥살이를 하고서도 건강을 유지하실 수 있었습니까?" 그러자 그가 대답했다. "나는 감옥에서 하나님께 늘 감사했습니다. 하늘을 보고 감사하고, 땅을 보고 감사하고, 물을 마시며 감사하고, 음식을 먹으며 감사하고, 강제노동을 할 때도 감사했습니다. 늘 감사했기 때문에 건강을 지킬 수 있었습니다.”

인도의 시성 타고르는 “감사의 분량이 곧 행복의 분량이다.”라고 했으며, 아리스토텔레스는 “행복은 감사하는 사람의 것이다.”라고 말했다. 빌헤름 웰러 또한 “가장 행복한 사람들은 가장 많이 소유한 사람들이 아니라, 가장 많이 감사하는 사람들”이라고 했듯이 행복은 소유가 아니라 감사에 정비례한다. 결국 감사한 만큼 인생은 행복해진다.

다만 안타까운 것은, 남이 베푼 작은 친절에는 고맙단 말도 잘하면서 정작 누구보다 감사해야 할 직장 동료에게는 의외로 고맙단 말이 인색한 경우가 많다는 사실이다. 왜 그럴까?

우선, 직위가 높거나 나이가 많으면, 직위가 낮거나 나이가 적은 동료와 후배들의 친절을 당연시 여긴다. 어떤 때는 오히려 투덜거리기까지 한다. 그들의 배려는 당연한 의무이고 내가 대접받는 것은 권리라고 생각한다면 고마움을 느낄 수 없다.

두 말할 필요 없이 인간관계에서도 자연법칙은 그대로 적용된다. 주는 만큼 받고, 상대방의 친절을 당연하게 여기면 언젠가는 당신의 친절 또한 당연하게 취급당한다. 반면에 작은 도움도 특별히 여긴다면 당신의 도움 또한 특별한 대접을 받을 것이다.

또 하나의 이유는, “남의 짐이 더 가벼워 보인다.”는 말에서 찾을 수 있다. 내가 하는 일만 힘들고 동료가 하는 일은 쉽다고 치부하면서 동료의 성과를 무시한다면 굳이 감사할 필요를 느끼지 못한다. 내가 하는 일이 더 많다고 생각하면 당연히 동료에게 고마움을 표시하기보다는 불평을 더 많이 하게 된다.

함께 일하고 싶은 사람과 그렇지 않은 사람의 기준점은 감사이고, 회사에서의 성공과 실패의 기준점도 고객에 대한 감사라고 말할 수 있다. 나아가 인생의 행복과 불행의 기준점 또한 감사라고 해도 과언은 아닐 것이다. 결국, 감사는 '함께 일하고 싶은 사람'의 문을 여는 열쇠이고, 언품의 씨앗이다.

하루의 직장생활을 돌아보면서 매일 '동료에게 감사할 수 있는 일이 무엇일까?' 하고 적극적으로 찾아봐야 한다. 감사할 일 역시 보려고 해야 보이고 찾으려고 해야 찾아지기 때문이다. 굳이 특별한 일만 찾으려고 할 필요는 없다. 일상의 사소한 일에서부터 감사할 일을 찾으면 된다. 감사란 그냥 저절로 되는 것이 아니다. 선택하고 배우면서 훈련해야 하는 것이다. 감사란 고마움을 선택한 사람만 느낄 수 있는 의도적인 감정이기 때문이다.

이제 여러분도 감사 쪽지를 남기고 전화를 걸어 무심하게 넘겼던 일들에 고마움을 표현해보자. 문자메시지나 이메일을 보내도 좋다. 작은 친절이라도 당연하게 여기지 말고, 사소한 것부터 감사하는 습관을 들이면 더 크게 감사할 일들이 생겨난다.

맥클러 박사와 에몬스 박사가 개발한 감사 지수 진단 질문을 통해 자신의 감사 지수를 확인해보자. 감사 지수는 고정된 것이 아니다. 감사를 반복하면 지수는 높아진다. 감사의 횟수가 많아지면 많아질수록 당신의 언품은 향상되고, 직장에서는 '함께 일하고 싶은 사람'이 될 것이다.

매우 그렇다(7), 그렇다(6,) 약간 그렇다(5,) 보통이다(4),
약간 그렇지 않다(3), 그렇지 않다(2), 전혀 그렇지 않다(1)

1. 나는 삶 속에서 감사할 것이 아주 많다.

2. 세상을 바라보면 감사할 것들이 그리 많지 않은 것 같다.

3. 내가 감사할 목록을 작성한다면 아주 길 것이다.

4. 나는 누구에게나 감사를 잘 하는 편이다

5. 나이가 들수록 어떤 일이나 상황, 또는 사람에 대한 감사가 늘어
   날 것 같다.

6. 내가 어떤 일이나 사람에게 감사하려면 시간이 좀 더 필요할 것 같
   다.

점수 결과 해석

6~31   현재 감사에 별 관심이 없는 사람이다. 감사를 배워야 할 필
           요가 있다.

32~39   조금만 노력하면 많이 나아질 것이다. 감사하는 훈련이 필
           요하다.

3. 긍정적으로 표현하라

긍정적 표현은 말을 듣는 사람뿐 아니라 말하는 자신의 심리 상태에도 영향을 미치기 마련이다. 기대 수준이나 하는 말이 실제 결과에 영향을 미치는 '자기실현적 예언self-fulfilling prophecy'이 작용하기 때문이다. 자기실현적 예언에는 두 가지가 있는데, 부정적인 말을 듣거나 무시당하게 되면 실제로 더 부정적으로 변해가는 현상인 '스티그마 효과Stigma Effect'와 칭찬을 듣고 인정받으면 더욱 긍정적으로 변하는 '피그말리온 효과Pygmalion Effect'가 그것이다. "말이 씨가 된다."는 말처럼 어떻게 표현하느냐에 따라 그 결과는 완전히 달라진다.

스티그마 효과의 대표적인 사례가 어머니 없이 가난한 집에서 자란 탈옥수 신창원이다. 그는 초등학교 때 교사로부터 "XX야, 돈도 안 가지고 뭐 하러 학교에 와, 빨리 꺼져!"라는 말을 듣고, 마음속에 악마가 자라기 시작했다고 고백한 적이 있다. 누군가 따뜻한 말 한마디만 해주었더라면 범죄자의 삶을 살지 않았을 것이라고 했다.

또 하나의 예를 소개해보자. KBS-2 TV의 〈안녕하세요〉라는 프로그램에서 점이라면 사족을 못 쓰는 23세 남자에 관한 재미있는 사연이 소개된 적이 있다. 점쟁이가 그 청년에게 '욱하는' 성격을 가졌다고 했더니, 별로 욱하지 않던 그 청년이 이후 일부러 욱하는 성격을 드러내는 쪽으로 바뀌었다고 친구는 증언했다. 우리 주변에서 가장 손쉽게 접할 수 있는 전형적인 스티그마 효과라고 할 수 있다.

"기대한 대로 보게 된다."는 말처럼 피그말리온 효과에 대한 사례는 무수히 많다. 버진 항공과 버진 레코드 등을 거느린 버진 그룹의 리처드 브랜슨 회장은 어릴 적 글을 못 읽는 난독증을 앓았다. 그런데 어느 날 글쓰기 시험에서 만점을 받았고, 교사는 뭔가 잘못 되었을 거라 말했다. 하지만 그의 어머니는 "네가 만점을 받을 줄 알았다."고 칭찬해주었고, 이 말에 힘을 얻은 그는 고교시절에 이미 학생 잡지를 만들어 사업가의 기질을 발휘했다.

세계적인 팝스타 스티비 원더는 태어날 때 간호사의 실수로 시력을 잃었다. 초등학교에 들어가서는 친구들과 어울리지 못하고 외톨이로 지냈다. 어느 날 교실에 쥐 한 마리가 들어왔고 아이들이 혼비백산했다. 잃어버린 시각 대신 예민한 청각을 갖고 있던 그가 쥐가 어디 있는지 알아낸 덕분에 교실에서 쥐를 내쫓을 수 있었다. 수업이 끝나자 담임선생님은 "너는 남들이 갖지 못한 정말 훌륭한 재능을 가졌구나."라며 칭찬해주었다. 그 말 한마디가 그를 최고의 음악가로 만들었다.

미국에 사는 제시카 콕스라는 여성은 태어날 때부터 두 팔이 없었다. 그렇지만 그녀는 일상생활을 하는 데 전혀 지장을 받지 않는다. 팔 대신 발로 모든 걸 다 할 수 있기 때문이다. 자동차 운전은 물론이고, 태권도나 수영 등 못하는 운동이 없다. 그녀는 세계 최초의 양팔 없는 비행기 조종사이기도 하다. 어머니는 그녀가 어릴 적부터 늘 이렇게 말해주었다. "두려움이 도전을 포기하지 않도록 해라." 이 말이 두 팔 없는 그녀를 도전하고 성취할 줄 아는 행복한 사람으로 만들었다.

누군가로부터 들은 말 한마디 덕분에 인생이 달라졌다는 사람이 많다. '함께 일하고 싶은 사람'들 대부분은 결정적으로 자신의 인생을 바꾼 긍정적인 말을 들은 적이 있다고 한다. 반대로 비수가 되는 말이나 치욕스러운 말을 듣는 바람에 인생이 나락으로 떨어진 경우도 많다.

행복과 불행, 성공과 실패가 말 한마디에 달려 있다고 해도 과언이 아니다. 그러므로 '함께 일하고 싶은 사람'이 되고 싶다면 주위 동료들에게 좋은 말, 긍정적인 말로 용기를 주는 게 좋다. 일하는 스타일이 나와 맞지 않는 동료라도 그가 좋은 성과를 올렸다면 "최고!"라며 손 모양 하트 한 번씩 날려주자. 좋은 게 좋다는 말도, 진짜 맞는 말이다.

언품이 다르다

- 사람의 마음을 얻을 수 있는 말 한마디는 무엇인가?

____

____

____

- 언품을 갖추려면 어떻게 해야 할까?

____

____

____

- 그동안 마음을 전달하지 못한 소중한 사람이 있는가? 그에게 감사하고 싶은 말은 무엇인가? 지금 당장 전해보자.

____

____

____

Secret 5.

배려는 친밀감을 높인다

미국인이 두 명 있으면 법적 맞고소가 일어나며, 중국인은 흥정을 하고, 일본인은 친절하게 인사말을 주고받으며, 싱가포르인은 학교성적표를 보자 하고, 대만인은 해외 이민을 의논하며, 스웨덴인은 섹스에 빠져들고, 한국인은 싸움을 시작할 것이다.

● 니콜라스 크리스토프 『중국이 미국이 된다』 중에서

직장생활을 하다 보면, 남의 입장에서 생각할 여유 따윈 없이 자기 입장만 생각하며 몸 사리기에 급급한 경우가 종종 있다. 조직 속에서 남과 경쟁하며 아옹다옹 생활하다 보니 배려에 대한 자각이 부족하기 때문이다. 사소한 일에도 누가 책임져야 할지, 서로에게 책임을 전가하기 위해 핏대를 올리며 원수처럼 싸운다.

'함께 일하고 싶은 핵심 인재'들의 공통점 중 하나는 바로 배려가 몸에 배어 있다는 점이다. 배려는 상대가 원하는 것, 좋아하는 것을 해주는 것이다. 배려에 서툰 사람들은 배려라고 하면 꽤나 거창한 도움을 주는 것이라고 생각한다. 그래서 별것 아닌 거라면 안 하는 것이 낫다고 생각한다. 그러나 세상에 거창한 배려는 없다. 배려는 상대방의 작은 기쁨을 챙기는 것이다. 힘들게 일하고 있는 동료를 위해 슬쩍 내미는 따뜻한 커피 한잔이나 "고생했어, 힘들지?" 같은 소소한 행동들이 감동을 주는 배려인 것이다.

눈앞의 편리함과 이익만을 생각한다면 결코 배려하는 사람이 될 수 없다. 경쟁 자체만을 목표로 하고 달려가는 사람은 언제까지고 '함께 일하고 싶은 사람'이 될 수 없다. 대가를 바라지 않는 작은 배려야말로 '함께 일하고 싶은 사람'이 되기 위한 필수 조건이라 할 것이다.

'스톡홀름 신드롬Stockholm Syndrome'이라는 것이 있다. 범죄학자이자 심리학자인 닐스 베예로트Nils Bejerot가 뉴스 방송 중에 처음 사용한 용어로, 공포의 대상에게 두려움이나 분노가 아니라 오히려 호감을 느끼는 현상을 가리킨다.

1973년 8월 23일, 스웨덴의 스톡홀름에서 은행 강도 사건이 발생했다. 범인들은 은행 안에 있던 손님들을 인질로 삼아 6일 동안 경찰과 대치했다. 놀라운 것은, 인질들은 처음엔 공황상태에 가까운 공포감을 느꼈지만, 차츰 범인들이 행한 뜻밖의 작은 배려에 친밀감을 느끼고 정서적으로 가까워졌다는 사실이다. 마침내 6일 동안의 감금상태에서 풀려났을 때는 인질범들에게 불리한 증언을 하기는커녕 오히려 그들을 동정하고 선처를 요구했다. 한 여성은 인질범 중 한 명과 사랑에 빠져 약혼자에게 파혼을 요구하기도 했다.

스톡홀름 신드롬과는 반대로, 인질범이 인질에게 동화되는 현상을 '리마 신드롬Lima Syndrome'이라고 한다. 페루의 리마에서 인질범들이 억류 중이었던 인질들에게 동화된 것을 계기로 만들어진 용어이다.

1996년 12월 17일, 페루의 반정부조직 요원들은 일본대사관을 점거하고, 400여 명의 인질을 억류하며 페루 정부군과 대치하였다. 이들은 127일 동안 인질들과 함께 지내면서 차츰 인질들의 작은 배려에 동화되어 가족과 안부 편지를 주고받도록 허용했고, 인질들을 위한 의약품류의 반입을 허용했다. 시간이 지날수록 그들은 인질들에게 자신들의 신상을 털어놓기도 하고, 미사 의식을 거행하는 등 평균적인 인질범들과는 다른 여러 가지 이상 현상을 보였다.

어떻게 이런 현상들이 일어날 수 있었을까? 어떤 위협 상황에서라도 공포감을 제거해주는 작은 배려를 베풀면 사람들은 쉽게 친밀감을 느끼기 때문이다.

비바람이 몰아치는 늦은 밤, 미국 필라델피아의 한 호텔에 중년 부부가 들어섰다. 그러나 그날은 주말인지라 방이 모두 찬 상태였다. "손님, 정말 죄송합니다. 오늘은 손님들이 많아 빈방이 없군요." 직원의 설명을 들은 중년 부부는 암담하였다. 비에 젖은 외투며 손에 든 여행용 가방이 더욱 무겁게 느껴졌다. 젊은 직원은 "누추하지만 제가 쓰는 방이라도 괜찮으시다면 비워드리겠습니다."
라고 공손히 말했다. 부부는 그날 밤 젊은이의 따뜻한 배려로 편
안히 쉴 수 있었다. 다음날 아침 중년부부는 "당신은 참으로 친절
하군요. 일급 호텔의 주인이 될 거요."라고 감사의 말을 전했고, 직
원은 "아닙니다, 무슨 말씀을. 저는 다만 제 할 일을 했을 뿐입니
다. 다음에 오시면 그때는 꼭 좋은 방으로 모시겠습니다."라며 중
년 부부를 배웅했다.

그로부터 2년 후, 젊은이는 생각지도 않은 편지를 받았다. "나는
2년 전 비바람이 몹시 불던 날 밤 아내와 같이 젊은이 방에서 자고
갔던 사람이오. 당신의 배려를 잊지 못해서 여기 뉴욕에 아주 멋지
고 큰 호텔을 지어놓고 당신을 기다리고 있다오. 부디 와서 이 호
텔의 경영을 맡아주시오. 뉴욕까지 오는 비행기 표를 동봉하오."
이 호텔이 바로 뉴욕의 아스토리아 호텔이다.

배려는 손해 보는 장사가 아니라 다른 사람의 마음을 얻는 장사
이다. 배려는 자신과 동료가 서로 발전하면서 공존할 수 있는 과학
적 법칙이며, 자신의 행복과 직결되는 차별화된 사랑의 법칙이다.
배려는 상대방의 긴장된 마음을 풀어주고, 열어주는 열쇠이다. 자
신의 벽은 놔둔 채 상대방의 벽이 허물어지기를 바라는 것은 욕심
이며, 예의에도 벗어난 일이다. 자신의 실패담을 먼저 털어놓음으
로써 상대방의 닫힌 마음의 문을 두드릴 수 있다. 배려는 동료가
쉽게 적응하도록 도와주는 친구요, 행복한 세상을 만들 수 있는 마
술사요, 사람들의 상처를 치료하는 치료제이며, 사람이 마음을 잡

아끄는 강한 자석이다.

　무엇보다 명심해야 할 것은 배려의 진실성이다. 진실한 마음 없이 분위기상 마지못해 하는 배려나 속셈을 가지고 있는 배려는 가식으로 바로 드러난다. 레몬을 입 안 가득 물었다고 상상해보라. 어떤 일이 일어나겠는가? 입 안에 침이 가득 고일 것이다. 칠판을 손톱으로 긋는 소리를 상상해보자. 그 날카로운 소음에 소름이 돋을 것이다. 이렇게 우리의 뇌는 겪는 일들을 기록하고 저장해두어 언제나 그에 맞는 감정 혹은 몸의 반응을 불러온다.

　그러니 속으로 '저런 바보!'라고 생각한다면 아무리 상대방을 보고 미소 지어도 상대방은 자동으로 '바보'라는 신호를 감지한다. 사람들은 모두 아주 섬세한 무의식의 안테나를 가지고 상대방의 진실을 감지해낸다. 배려하는 태도와 생각이 일치하는 사람은 조화로움을 환하게 발산한다. 톨스토이도 말하지 않았던가! "선한 마음 없이 진리가 전달될 수 없다. 위선보다 더 나쁜 것은 없다, 위선은 악보다 더 배척해야 한다."

　인사를 나누고 명암을 주고받을 때도 배려가 필요한 것처럼 배려에도 기술이 필요하다. 우선 상대방이 원하는 것, 좋아하는 것을 주려면 상대의 마음을 아는 것이 중요하다. 그래서 배려는 상대의 마음이나 행동을 읽는 것이 핵심이다. 그렇다면 '함께 일하고 싶은 핵심 인재'는 상대의 마음이나 행동을 어떻게 읽는 것일까?

1. 관찰

관찰은 배려를 익히는 첫걸음이다. 동료가 원하는 것을 파악하려면 동료에게 관심을 가지고 관찰하는 것이 필요하다. 관찰력이 뛰어나서 많은 것을 읽어내는 눈썰미가 있다면 더할 나위 없이 좋겠지만, 주의를 기울이다 보면 눈에 들어오게 되어 있다. '눈은 마음의 창'이라 했던가. '눈은 입만큼 말을 한다'는 말처럼 사람은 그때그때 감정이 눈에 반영된다. 마음에 품은 속내가 말로 표현되기 전에 눈으로 먼저 반응하는 것이다. 게다가 입과는 달리 눈은 거짓을 말하지 못한다. 가령 어떤 의견에 대해 말로는 반대의 뜻을 이야기하면서도 눈동자가 찬성하는 경우도 있고, 아무리 좋게 말하여도 눈동자가 진실로 받아들이지 않는 경우가 있다.

다음은 '정신언어학적 프로그래밍'이라고 불리는 심리요법 중에 소개되어 있는 것으로, 많은 임상결과에 의해 밝혀진 결과이다. 다만, 이것은 오른손잡이일 경우의 케이스다.

- 눈동자가 오른쪽 위쪽으로 올라가 있을 때는, 익숙하지 않은 것을 자기 나름대로 구성하려고 하고 있다.
- 눈동자가 오른쪽이나 왼쪽 상관없이 수평으로 움직이고 있을 때는, 무언가 회상을 하거나 귀를 기울여 듣고 있다.
- 눈동자 왼쪽 위로 올라가 있을 때는, 과거의 체험이나 이전에 본 광경을 생각해내고 있다.
- 눈동자가 왼쪽 밑으로 고정되어 있을 때는, 청각에 관계되는 이미지

를 갖고 있다.

- 동공이 열려 있어 눈의 초점이 없을 때는, 이전에 본 적이 없는 광경을 떠올리고 있다.

눈과 더불어 입의 표정 또한 관찰해야 한다. 입의 표정도 마음의 움직임에 따라 변화한다.

- 굳어진 입술과 비뚤어진 입술을 하고 있다면, 내심 기분이 언짢음에도 불구하고 그것을 억누르고 겉으로 나타내지 않는 경우이다. 만약 잘 모르겠다면 농담이나 우스갯소리를 한 번 해보라. 입만은 얼굴의 다른 움직임에 따르지 못하고 굳어지거나 비뚤어질 것이다.
- 버릇이 아닌데 입술을 자주 핥는 것은 흥분과 긴장에 따르는 속마음의 동요를 억누르는 경우다. 예컨대 사람들이 알면 안 되는 비밀이 들통 나거나 거짓말을 하면, 대부분 갑자기 입 안이 말라 물을 마시거나 입술을 핥는다. 범인이 취조를 받으면서 평정을 가장하고 있을 때도 이 같은 현상이 나타난다.
- 입을 내밀고 있다면 불만스럽다는 것이고, 입술을 깨문다면 참고 있거나 기분이 나쁘다는 표시이다. 입을 벌리고 있다면 편안한 상태이거나 무시하고 있는 경우다.

마지막으로 상대의 행동을 관찰해야 한다. 사람은 누구나 좋고 싫음의 감정을 동작행위로 나타낸다. 기쁜 마음이 있으면 동작은 자연히 들뜨고 씩씩해지며, 반대로 슬픈 일이 있으면 태도도 가라

앉고 아무래도 소극적이 된다.

- 손을 떨고 있을 때는, 마음속의 초조함을 나타내는 경우다. 무의미하게 바지를 털거나 손톱을 후비거나 하는 것은 마음이 그곳에 없다는 표시이다.
- 손가락을 끼거나 팔짱을 낄 때는 대결이나 반론이 있을 경우다. 손바닥을 맞대고 있다면 받아들이고 싶다거나 진지한 기분, 혹은 긴장 상태일 경우다.
- 종종 발을 바꿔서 꼬는 때는, 지루함을 얼버무리려는 행동이다. 구두 끝으로 톡톡 차거나 신발 뒤축으로 바닥을 툭툭 치며 박자를 맞출 때는, 마음속으로 다른 생각을 하거나 다른 곳에 정신을 빼앗기고 있는 경우다. 또 일어서서 왔다 갔다 하는 때는, 무언가 골똘히 생각할 것이 있거나 심리적 초조감을 얼버무리려는 경우다.

2. 경청

사람을 속이는 데 말처럼 효과적인 무기는 없다. 그러나 아무리 거짓말에 능숙한 사람이라도 차근차근 주의하여 들으면 어딘가 부자연스러운 점을 발견할 수 있다. 따라서 마음을 읽으려면 상대의 갖가지 언어 변화에 주목하여 감정과 마음의 움직임을 포착해야 한다.

- 평소 말없는 사람이 달변이 되었을 때는, 기쁜 일이나 즐거운 일이 있는 경우다. 그러나 명백하게 그런 이유가 없을 때는 마음속의 불안과

동요를 상대가 알지 못하도록 가장하는 경우가 많다.

- 평상시 말투와 달리 공손한 말을 사용하거나 혹은 빈정거린다면, 마음속에 적의나 반감을 품고 있는 경우가 많다.

- 이야기를 앞질러 설명하거나 변명할 때는, 마음의 불순함이나 숨겼던 일이 밝혀질까 싶은 불안과 초조감을 견디지 못하는 경우가 많다. 또 상대가 자신을 의심하는가 싶어 말을 앞질러 예방선을 치거나 변명으로 빨리 불안에서 벗어나려고 하는 경우다.

- 아슬아슬한 이야기를 하거나 모두가 기피하는 화제를 불쑥 끄집어 낼 때는, 자신이 가장 두려워하고 있는 불안한 근원을 스스로 폭로함으로써 도리어 불안한 심리와 긴장감에서 해방되고 싶은 경우다.

- 평소에는 그다지 상대의 말에 잘 따르지 않는 사람이 때때로 이상하게 상대방의 이야기에 동조할 때는, 반드시 어떤 목적과 속셈이 있는 경우다. '상대를 거역하면 안 되겠지' 싶은 생각에 일시적으로 영합하고 동조하는 것일 뿐이다.

친밀감을 높이는 방법이 다르다

• 배려는 왜 사소한 것에서 감동을 받는다고 했을까?

____

____

____

• 진실한 마음으로 배려하는 사람과 분위기상 마지못해 하거나 무언가
속셈을 가지고 가식적으로 배려하는 사람은 무엇이 다른가?

____

____

____

• 배려는 상대방이 원하는 것, 좋아하는 것을 주는 것이다. 따라서 상대
의 마음이나 행동을 아는 것이 중요하다. 그렇다면 상대의 마음이나 행
동을 어떻게 읽을 것인가?

____

____

____

Secret 6.

칭찬은 고래도 춤추게 한다

우리는 누구나 잘못을 저지른다. 아홉 가지의 잘못을 찾아 꾸짖는 것보다 단 한 가지의 잘한 일을 발견하여 칭찬해주는 것이 그 사람을 올바르게 인도하는 데 큰 힘이 된다.

● 데일 카네기

칭찬하고, 격려하고, 용기를 북돋워주는 것만큼 좋은 가르침은 없다. 사람이라면 누구나 야단보다는 칭찬을, 비난보다는 격려를 좋아하기 때문이다. 게다가 『칭찬은 고래도 춤추게 한다』라는 책이 베스트셀러가 된 이후, 사람들은 칭찬을 만병통치약쯤으로 여기게 되었다. 그러나 그토록 칭찬의 중요성을 인식하게 되었음에도 불구하고 사람들은 아직 칭찬에 인색하다. 우리의 직장생활을 떠올려보면 바로 그 실체가 드러난다.

직장에서 일을 제대로 처리했을 때 사람들은 대체적으로 어떤 반응을 보이는가? 어처구니없게도 대부분은 '무반응', 즉 무관심이다. 한 사람, 한 사람이 모여 협력해서 함께 일을 해야 하는 직장생활에서 사실 무관심보다 무서운 '적'은 없다. 물론 이 무관심은 무리 없이 일이 진척되고 성과를 올릴 때의 이야기다. 만약 일이 잘못되기라도 하면 득달같이 달려와 참견을 해댄다. "왜 이렇게 했느냐!"라며 지적이 따르고, "어쩌다 그렇게 되었느냐!"라며 경과를 따진다. 상대방의 잘못을 지적하면서 자신의 우월함을 과시하고자 하기 때문이다. 잘한 일보다 잘못한 일을 찾아내는 게 훨씬 쉽고, 사람들은 늘 쉬운 길을 선택한다.

"바보라도 칭찬해주면 훌륭한 사람으로 변한다."는 영국의 속담이 있다. 사람은 누구나 자기를 칭찬해주는 사람을 좋아하며, 대부분의 사람들은 칭찬에 굶주려 있다. 칭찬은 곧 능력의 인정과 호의를 뜻하는 것이기에 칭찬을 받으면 자의식이 자극 받아 더 능동적으로 행동하게 된다.

'함께 일하고 싶은 핵심 인재'에게 보이는 또 하나의 공통점은, 아주 작은 일에서도 칭찬거리를 찾아내 칭찬을 아끼지 않는다는 것이다. 함께 일하는 사람과 신뢰를 쌓기 위해서는 칭찬보다 더 좋은 방법은 없기 때문이다. 게다가 다른 일로 먼저 칭찬을 받은 사람은 나중에 문제점을 지적당하더라도 기꺼이 받아들인다.

미국 스탠포드 대학교의 나스&포그 교수를 중심으로 한 연구팀은 '칭찬의 효과'를 실험하기 위해 컴퓨터에 칭찬 프로그래밍을 입력하였다. 참가자는 두 그룹으로 나누어 컴퓨터가 제시하는 동물에 대해 '예/아니오'로 답하며 정답을 찾아가는 스무고개 게임을 했다.

게임을 시작하기에 앞서 연구팀은 참가자들에게 컴퓨터의 평가 체계에 대해 귀띔해주었다. A그룹에게는 컴퓨터가 수년간의 연구 결과를 바탕으로 매우 정확한 평가를 할 것이라고 말했고, B그룹에게는 컴퓨터가 참여자의 답변과 관계없이 무작위로 평가를 내린다고 말했다. 연구팀은 컴퓨터 평가가 아무런 의미도 없음을 아는 B그룹은 당연히 평가를 무시할 것으로 예상했다.

실험을 진행하는 동안 컴퓨터는 A그룹과 B그룹의 참가자들에게 '기발하다', '신통하다', '영리하다'는 식으로 똑같이 칭찬을 아끼지 않았다. 실험을 마친 후 두 그룹의 참여자들에게 컴퓨터가 얼마나 마음에 드는지, 스무고개 게임이 재미있었는지를 물었다. A그룹은 당연히 컴퓨터가 마음에 들고 스무고개 게임도 재미있다고 했다.

흥미로운 결과는 B그룹에서 나타났다. 참여자들은 A그룹 못지않게 칭찬하는 컴퓨터가 마음에 들었다고 밝혔다. 심지어 컴퓨터의 프로그래밍이 신뢰할 수 없다는 것을 알면서도 제대로 프로그래밍이 된 컴퓨터만큼 성능이 뛰어나다고 생각했다. 또한 컴퓨터의 칭찬을 들었기 때문에 자신들의 능력이 뛰어나다고 믿었다.

왜 이런 결과가 나타났을까? 단순히 컴퓨터가 무작위 평가를 내린다는 사실을 잊은 것일까? 물론 아니다. 참여자들은 의식적으로는 컴퓨터의 평가가 아무런 의미도 없다는 것을 알고 있었지만, 자기도 모르게 컴퓨터의 칭찬을 자연스럽게 받아들이며 컴퓨터를 호의적으로 평가한 것이다. 이렇게 노골적이고 엉뚱한 칭찬도 효과를 발휘하는 것을 보면, 칭찬이 인간관계에 얼마나 큰 영향을 미치는지 미루어 짐작할 수 있다.

이 실험의 결과는 "칭찬을 해야 할지 말아야 할지 판단이 서지 않더라도 칭찬을 아끼지 말라."는 격언이 직장생활에서도 통용된다는 것을 암시한다. 놀라운 것은, 그 칭찬이 진심이든 아니든 상관없이 자신의 능력이 뛰어나다고 인식하게 만든다는 점이다. 결국 칭찬을 듣는 사람들은 기분이 좋아지고 자신감이 생기며, 칭찬을 하는 사람도 상대방의 놀라운 장점을 발견한(실제로 장점이 있든 없든) 사려 깊고 총명한 사람으로 보이게 된다.

그렇다면 어떤 칭찬이 고래를 춤추게 할까? 칭찬이야말로 전략이 필요하다. 칭찬이 비판보다 행동에 영향을 덜 미치기 때문이다. 한번 생각해보자. 직장생활을 하다 보면 매년 인사평가를 받는다. 거기에는 긍정적 평가와 부정적 평가가 같이 있는데, 어떤 평가가 더 기억에 오래 남고 행동에 영향을 미쳤다고 생각하는가? 대단히 긍정적이거나 기대하지도 않았던 깜짝 놀랄 만한 평가를 받지 않는 한, 아마 대부분은 부정적인 평가가 더 오래 기억에 남고 행동에도 더 큰 영향을 미쳤을 것이다. 보통 긍정적인 평가는 지금껏 잘해온 것이기 때문에 아무런 걱정이 필요 없는 반면, 부정적인 평가는 자신의 생존과 직접적으로 관련되어 있기 때문이다.

사람들은 긍정적인 평가와 부정적인 평가를 아주 다르게 인식

한다. 한 문장을 예로 들어보자. "임꺽정은 착할 때는 아주 착했지만, 나쁠 때는 정말 못 말렸다." 이 문장에서 무엇이 더 기억에 남는가? 부정적인 평가는 긍정적인 평가에 비해 모든 면에서 눈에 더 잘 띄고, 결정적이고, 극단적이다.

인간은 진화하면서 자연스럽게 부정적인 것에 모든 신경을 곤두세우게 되었다. 긍정적 요소는 그저 부차적인 것이다. 예를 들어 석기시대부터 우리 선조들은 "여기는 안전할까?", "이것을 먹어도 괜찮을까?" 등 부정적인 것을 염두에 두고 긴장하며 살아왔기 때문에 지금까지 생존할 수 있었다. 실질적으로 긍정적인 정서는 어느 정도의 선이 유지되면 느끼지 못하지만, 부정적인 정서는 지속적으로 우리의 마음을 자극하는 '쾌락의 불균형'이 일어난다. 마치 운전을 하며 고속도로를 주행할 때와 같다. 고속도로를 달리며 만나는 멋진 풍경과 교통사고 현장 중 어느 상황에서 속력을 줄이는가? 아마도 대부분이 사고 현장을 스칠 때 그냥 지나치지 못하고 속도를 줄일 것이다.

그렇다면 비판이 칭찬보다 더 효과적인 것일까? 그렇지는 않다. 앞서 소개한 스탠포드 대학교의 연구팀이 이번에는 스무고개 게임 과정에서 참여자의 답변에 '헷갈린다', '무슨 말인지 모르겠다', '말도 안 된다' 같은 비판적인 말을 하도록 프로그래밍을 조작했다. 그리고는 마찬가지로 참여자들(물론 '칭찬 효과' 실험과 다른 참여자들이다)을 두 그룹으로 나누어 A그룹에게는 컴퓨터 평가가 정확하다고 말했고, B그룹에게는 컴퓨터가 무작위로 평가한다고 설명했다. 즉 A그룹은 사실적인 비판을 받았고, B그룹은 근거 없는 비판을 받았다. 실험을 마친 후 참가자들에게 칭찬을 받았을 때와 마찬가지로 컴퓨터에 호감이 가는지, 게임이 재미있었는지를 물었다.

그러자 두 그룹 모두 컴퓨터에 반감을 드러냈다. 흥미로운 것은, 비판이 정확하다고 느낀 A그룹의 참여자들은 자신들의 능력이 형편없다고 생각한 반면, 근거 없는 비판을 받은 B그룹의 참여자들은 자신의 능력을 낮게 평가하지는 않았다는 점이다. 즉, 칭찬은 진심이든 아니든 모두 긍정적인 효과를 보았지만, 비판은 근거가 있는 경우라면 자존감을 상실하게 하고, 근거 없는 경우라면 아무런 영향을 미치는 않는다는 뜻이다. 또 하나 주목해야 할 결과는, 칭찬하는 사람은 진심이든 아니든 상관없이 마음에 들지만, 비판하는 사람은 비판이 옳든 그르든 상관없이 마음에 들지 않았다는 점이다.

그렇다고 직장생활을 하면서 칭찬만 할 수는 없는 노릇이다. 칭찬과 비판을 적절히 사용해야 하는데, '함께 일하고 싶은 핵심 인재'는 어떤 방법으로 칭찬과 비판을 하고 있을까?

먼저 칭찬의 기술을 살펴보자.

1. 칭찬의 순간을 놓치지 않는다

보고서를 작성하면서 "지난 분기에 보고서 작성하느라 수고 많았겠군." 같은 말은 안 하느니만 못하다. 이렇게 철 지난 일을 생각난 듯 칭찬하면 오히려 섭섭했던 감정만 되살아나게 된다. 칭찬할 일이 있다면 바로 칭찬하는 것이 좋다. 즉, 칭찬은 타이밍이 중요하다.

2. 비교하면서 칭찬하지 않는다

"지각이나 실언은 많아도, 일은 잘하는군." 같은 말은 하지 않는 것이 좋다. 일을 잘한다는 건지, 기본이 안 되어 있다는 건지 알 수 없는 애매한 표현은 오해만 불러일으킨다. 구체적인 칭찬 포인트만 부각시켜 칭찬해야 한다.

3. 짧고 간결하게 칭찬한다

"김 대리의 유머 감각은 타고난 거야? 부모님 중에서 유머 감각 있는 분이 계신가? 웃을 수 있어서 좋네."라고 말하는 것보다 "김 대리의 유머에 피곤이 다 날아갔네!"라든가 "우리 부서의 비타민은 김 대리야." 같은 멘트가 좋다. 장황하게 부연 설명하는 것 같은 말보다 짧고 감각적인 표현을 쓰는 것이 좋다.

4. 깊은 인상을 남긴다

예를 들면, 이런저런 얘기를 하다가 갑작스럽게 칭찬을 하는 것도 좋다. 생각지도 못한 일로 칭찬을 받으면 그 일을 오래 기억하기 때문이다. 또한 'ㅇㅇ전문가', 'ㅇㅇ박사' 같은 긍정적이고 자존감을 높이는 별명을 사용해서 칭찬하는 것도 좋다. 사람들의 관심을 끌기 위해서는 이런 별명을 자주 사용하는 것이 좋기 때문이다.

물론 칭찬에도 한 가지 유의해야 할 점이 있다. 칭찬이 무엇보다 좋은 약임은 틀림없지만, 아무리 좋은 칭찬이라도 무분별하게 남용하면 오히려 해가 된다. 칭찬에도 과유불급이 있다는 사실을 알아야 한다. 예컨대 아이들의 자존감을 키워주기 위해 부모와 교사들이 아이들에게 똑똑하고 재능이 많다며 끊임없이 칭찬을 했다고 치자. 그런 무분별한 칭찬을 받고 자란 아이들은 어려움과 실패를 순순히 받아들이지 않게 된다. 게다가 그 원인을 자신에게서 찾는 것이 아니라 외부로 돌려버린다. 적절하지 않은 칭찬의 남용은, 칭찬의 긍정적 효과도 얻지 못할 뿐더러 칭찬한 사람에게 반감까지 느끼게 한다.

오하이오 대학교와 사우샘프턴 대학교 등이 함께 구성한 연구팀의 실험을 살펴보자. 주로 엄마로 구성된 부모 144명에게 자기 아이들이 수학 문제를 풀 동안 옆에서 지켜보도록 했다. 부모는 정답을 가르쳐줄 수는 없었지만, 옆에서 코멘트를 할 수는 있었다. 응원을 하는 부모, 격려하는 부모, 야단치는 부모도 있었다. 연구팀은 부모들이 칭찬하는 횟수와 강도를 기록했는데, 칭찬의 평균 횟수는 여섯 번이었다. 그중 좀 과하게 칭찬을 하는 부모들이 약 25% 정도였다. 그들은 다른 부모들보다 'incredibly(믿을 수 없는 만큼)' 같은 낱말을 자주 사용했다.

사실 연구팀은 이미 실험 전에 실험에 참가하는 아이들을 미리 분석하여, 자존감이 높은 아이와 낮은 아이로 구분해두었다. 재미

있는 것은, 분석 결과와 부모들의 칭찬 정도를 비교했더니 자존감이 낮은 아이의 부모일수록 과한 칭찬을 했다는 사실이 드러났다. 실험을 주도한 사우샘프턴 대학교의 심리학과 교수 샘 토마스 박사는 "일반적으로 부모들은 자존감이 낮은 아이일수록 더 많은 칭찬을 해주어야 한다고 생각한다."고 설명했다. 언뜻 보면 이 같은 부모들의 생각이 옳은 것처럼 보인다.

그렇다면 자존감이 낮은 아이들에게 행해지는 과한 칭찬은 어느 정도 효과가 있었을까? 이번에는 아이들에게 유명한 화가의 그림을 하나 따라 그리게 했다. 실험에서는 반 고흐의 〈와일드 로즈 Wild Roses〉를 제시했다. 두 번째로는 쉬운 그림과 어려운 그림 중에 아이들이 고르도록 선택권을 주었다. 자존감이 높은 아이들은 거리낌 없이 어려운 그림을 골랐지만, 부모들에게 과하게 칭찬을 받았던 자존감이 낮은 아이들은 쉬운 그림을 골랐다. '할 수 있다'는 자신감보다는 '할 수 있을까' 싶은 걱정이 앞섰던 것이다. 오하이오 주립대학교의 에디 브럼멜마는 이러한 현상에 대해 "지나친 칭찬이 자존감 낮은 아이들에게 압력으로 작용했다."고 설명했다.

이를테면 관중들의 성원과 환호는 거기에 익숙한 스타 선수에게는 큰 힘이 되지만, 이제 막 경기장에 오르기 시작한 신인 선수에게는 견디기 힘든 부담으로 다가오는 것처럼 말이다. 방송에 익숙한 연예인은 카메라와 마이크, 방청객의 환호가 커질수록 생기가 돌지만, 일반인은 누군가 쳐다본다는 사실 하나만으로도 숨이 막힌다. 내가 잘하는 것을 누군가 지켜보고 응원할 때는 제 실력을

발휘하지만, 내가 못하는 것을 누군가 지켜볼 땐 온몸이 후들거려 결국 실수만 하게 되는 경우와 같다

칭찬이 아무리 좋은 약이라고 해도, 아직 익숙하지 못해 긴장한 사람에게는 그 어떤 칭찬이나 격려로도 좋은 결과를 얻을 수 없다. 그럴 땐 근거 없는 자신감을 불어넣기보다는 함께 방법을 찾고 긴장이 풀리도록 도와주어야 한다. 듣기 좋은 말로만 격려하기 전에 문제가 무엇인지, 그 문제를 해결할 방법은 무엇인지 함께 고민해야 한다.

그런 까닭에 칭찬에는 그에 앞선 관심과 사랑이 필요하다. 아무리 듣기 좋은 칭찬이라도 관심과 사랑이 없다면 그저 허울 좋은 껍데기에 지나지 않는다. 칭찬이 약이라는 말에, 아무 관심도 없이 그저 듣기 좋은 말만 하고 있지는 않은지 자신을 뒤돌아보자. 누군가를 칭찬하고자 할 때에는 말보다 먼저 그가 무엇을 생각하는지, 진정한 고민은 무엇인지 살펴보는 지혜가 필요하다. 관심과 사랑으로 하는 칭찬이야말로 상대방을 행복하게 하는 최고의 명약이기 때문이다.

이제 비판의 기술을 한번 살펴보자.

1. 대안을 제시한다

비판의 궁극적인 목적은 이후에 보다 나은 결과를 얻기 위함이다. 그렇다면 비판을 하기 전에 먼저 평가 받는 사람의 행동에 초점을 맞추어야 한다. 무조건 잘못한 점만 지적한다면 상대방은 방

향 감각을 상실하고 좌절감에 빠진다. 게다가 대안 없는 비판은 상대방을 공격적이거나 방어적으로 만든다.

운전 연수를 예로 들어보자. 잘못된 운전에 대한 지적은 하면서 대처 방법을 알려주지 않는다면 운전자는 더욱 긴장하고 위축될 뿐 운전 자체가 향상되지는 않는다. 운전을 잘할 수 있도록 돕고 싶다면, 잘못을 지적하면서 바른 방법을 가르쳐주어야 한다. 즉, 비판을 하되 그 비판이 약이 되는 개선안을 제시해야 한다는 뜻이다. 만약 매번 회의에 늦는 직원이 있다면, 일단 지각에 대한 주의를 주고, 일정을 등록하여 회의 시간 전에 알려주는 프로그램의 사용법을 알려주는 식으로 말이다.

2. 핵심을 짚어준다

무엇에 대한 비판인지 알 수 없는 두루뭉술한 비판보다는 핵심을 짚어주는 비판이 더 좋다. 보이는 것에 대한 비판이 아니라 '왜' 비판을 받는 것인지에 대한 자각을 불러일으키도록 해야 한다. 스스로 원인과 배경을 파고들어야 적절한 해법을 찾을 수 있기 때문이다.

3. 비판을 받아들일 시간을 준다

비판을 한 후 상대방에게 즉각적인 대답을 요구해서는 안 된다. 비판을 받은 직후에는 이성적이기보다는 감정적인 판단을 하기 쉽기 때문에 온전한 피드백을 받았다고 보기 어렵다. 따라서 일단 비판을 한 다음에는 상대방이 간단하게 답할 시간을 주고, 추후에 다시 이야기하자고 함으로써 그가 비판에 대해 충분히 숙고할 여유를 주는 것이 좋다.

문제는 칭찬과 비판을 함께 해야 하는 경우인데, 이런 경우에는 무엇보다 순서가 중요하다. '역행 간섭Retroactive Interference'이라는 뇌의 활동 습관 때문이다. 역행간섭이란 새로운 정보가 이전에 학습한 정보를 방해하는 것으로, 가령 비판을 받으면 비판 전에 무슨 말을 들었는지 잘 기억나지 않을 때가 많다. 비판을 듣는 데 많은 인지능력을 쏟아 부은 탓에 우리 뇌가 그 전의 정보를 장기 기억으로 이동시키지 못하기 때문이다.

따라서 비판과 칭찬을 함께 해야 할 때는 비판을 먼저하고 칭찬을 나중에 하는 것이 좋다. 흔히 좋은 소식과 나쁜 소식이 있으면 좋은 소식을 먼저 전하여 상대방의 기분을 좋게 만든 다음 나쁜 소식을 전해야 충격이 덜하다고 말들 하는데, 이는 좋은 방법이 아니다. 칭찬을 받은 그 순간은 좋겠지만 잠시 후에 역행간섭이 일어나 비판만 기억에 남게 된다. 따라서 비판을 먼저 하고 나서 칭찬을 하는 것이 좋다. 비판을 들은 상대방은 주의를 집중해서 칭찬을 듣기 때문이다.

사람들은 대개 비판하는 사람보다 칭찬하는 사람과 함께 일하고 싶어 한다. 그러나 남을 칭찬하고 나를 비판하는 사람이라면 이야기는 달라진다. 앞서 '칭찬 효과'와 '비판 효과'를 실험했던 나스 교수팀은 또 다른 실험으로 그것을 증명해 보이고자 했다. 이번 실험에서는 컴퓨터가 참여자에 대한 평가가 아니라 컴퓨터 자신과 다른 컴퓨터에 대한 평가를 내렸다.

참여자들은 스스로 칭찬한 컴퓨터보다는 스스로를 비판한 컴퓨터에 훨씬 더 호감을 가졌으며, 다른 컴퓨터를 비판한 컴퓨터보다는 스스로를 비판한 컴퓨터에 훨씬 더 호감을 가졌다. 또한 스스로를 칭찬한 컴퓨터보다는 다른 컴퓨터를 칭찬한 컴퓨터에 훨씬 더 호감을 가졌고, 성능도 더 뛰어나다고 판단했다. 무언가 내가 칭찬받을 상황이라면 스스로 앞서 나서지 말아야 하는 이유가 여기에 있다.

직장에서 '함께 일하고 싶은 사람'이 되는 최고의 전략은, 함께 일하는 동료와 '서로 칭찬하는 관계'를 만드는 것이다. 이 전략을 활용한다면 양쪽 모두가 굳이 자신을 내세우지 않아도 다른 동료들에게 호감을 얻고 유능하게 보일 것이다. 즉 동료들에게 '함께 일하고 싶은 사람'이 되고 싶다면, 스스로를 비판하고 동료를 칭찬하는 사람이 되어야 한다.

칭찬하는 방법이 다르다

• 칭찬은 용기를 북돋아주지만, 때론 무분별한 남용으로 오히려 해가 된다. 나는 어떻게 칭찬하는 편인가?

• 내가 받았던 칭찬 중 기억에 남는 것이 있는가? 그 칭찬의 특징은 무엇인가?

• 주변에 칭찬해주고 싶은 사람이 있다. 제3자를 통해 그 사람에 대한 칭찬을 전하고 싶다면 어떤 내용을 언제, 어떻게 전해야 할까?

포용은 다양성을 담는 그릇이다

체로키족의 나이 많은 추장이 손녀에게 말했습니다.

"우리 마음속에는 두 마리의 늑대가 살고 있단다. 그 둘은 항상 싸우곤 하지. 한 마리는 나쁜 늑대야. 분노, 질투, 슬픔, 후회, 욕심, 오만, 자기 연민, 거짓, 허영, 헛된 자존심, 그리고 이기심이란다. 다른 한 마리는 착한 늑대란다. 기쁨, 평화, 사랑, 희망, 친절함, 겸손, 동정, 너그러움과 믿음이지."

이야기를 들은 손녀가 물었습니다.

"그럼 그중 어떤 늑대가 이기나요?"

"네가 먹이를 더 많이 주는 늑대가 이기게 된단다."

● 〈미국 체로키족(Cherokee)의 지혜〉 중에서

누구든 마음속에 두 마리의 늑대를 키우고 있다. 여러분은 지금 어떤 늑대에게 먹이를 주고 있는가? 내 안의 나쁜 늑대 때문에 삶이 힘들고 불행한가? 그렇다면 체로키족의 지혜를 본받아 내 안의 착한 늑대에게 더 힘을 실어주어야 할 것이다.

하지만 사람의 마음이라는 것이 그렇게 호락호락하지가 않다. 그러면 안 되는 줄 잘 알고 있으면서도 사람들은 자꾸만 나쁜 늑대에게 먹이를 준다. 특히 인간의 근본적인 욕망이라고도 할 수 있는 이기심은 가장 경계해야 할 대상이다. 이기심이야말로 직장생활에서 꼭 필요한 덕목인 '포용'의 가장 큰 적이니까 말이다.

국어사전을 보면 포용이란 '남을 너그럽게 감싸주거나 받아들이는 것'이라고 명시되어 있다. 자기 이외의 다른 존재를 그대로 받아들이는 것이 포용이다. 자기와 같거나 비슷하니까 받아들이는 것도 아니고, 다른 것을 억지로 끼워 맞춰 받아들이는 것도 아니다. 나와 다른 상태 그대로 받아들이는 것이다. '함께 일하고 싶은 핵심 인재'는 자기와 다른 것의 차이를 받아들여 자신의 일부 또는 중요한 자산으로 삼는 포용력을 가지고 있다.

오늘날처럼 경영 환경이 다양하고도 급속하게 변해가는 상황에서 리더 한 사람만의 지혜에 의탁하여 조직을 운영하는 것은 위태로운 도박과 같다. 그래서 '함께 일하고 싶은 사람'은 다양한 구성원들의 지혜를 충분히 활용하기 위해 다양성을 포용한다. '다양성의 포용'이란, 함께 일하는 다양한 구성원들의 생각과 관점들을 창조적으로 포용함으로써 더 나은 가치를 지속적으로 창출해내는 것을 말한다. 즉 '함께 일하고 싶은 사람'은 구성원들의 지혜를 직급이나 나이, 성별, 인종 등에 따른 편견 없이 포용하여 활용한다.

이런 관점에서 포용은 '함께 일하고 싶은 사람'이 가져야 할 능력 중 하나라고 할 수 있다.

그렇다면 이렇게 꼭 필요한 포용력을 갖추기 위해서는 어떻게 해야 할까?

1. 선입견을 갖지 마라

선입견은 포용을 가로막는 장애물이다. 선입견은 어떤 사물이나 사람 또는 상태를 접하기 전에 이미 가지고 있던 생각이나 견해 또는 지식이 강하게 작용하는 것을 의미한다. 대개는 그 근거가 명확하지 않은 선입견은 일단 머릿속에 자리 잡으면 몰아내기도 어렵다. 혹여 자신의 선입견에 반하는 확실한 증거가 나타난다 해도 자신의 생각을 고쳐 심리적 조화를 이루려고 하기보다는 그 증거를 부인함으로써 부조화를 없애려고 한다. 이러한 현상은 '인지 부조화Cognitive Dissonance'라는 심리학적 용어로 설명할 수 있다.

인지부조화란, 자신의 생각과 행동이 일치하지 않을 때, 또는 자기가 기존에 가지고 있던 생각과 다른 모순이 생길 때 이것을 불편하게 여겨 이 모순의 차이를 감소시키려고 하는 것을 말한다. 쉽게 표현하자면 일종의 자기 합리화인 셈이다.

널리 알려진 예로는 이솝 우화 중의 「여우와 포도」 이야기가 있다. 포도가 높이 달려 있어 먹을 수 없게 된 여우는 돌아서면서 "어차피 시어서 먹을 수도 없을 거야."라고 말한다. 원하는 걸

얻을 수 없으면 되레 비하시킴으로써 심리적 부조화를 줄이려고 하는 것이다.

'인지 부조화'를 처음 주장한 사람은 미국의 심리학자 레온 페스팅거Leon Festinger로, 그는 실험을 통해 이를 증명하고자 했다. 그는 실험 참가자를 두 그룹으로 나눈 다음, 거짓말을 하는 대가로 A그룹에게는 20달러를, B그룹에게는 1달러를 주었다. 재미있는 것은, 1달러를 받고 거짓말을 한 사람이 20달러를 받고 거짓말을 한 사람보다 거짓말을 진실이라고 주장하는 경향이 훨씬 강했다는 사실이다. 1달러를 받고 거짓말을 한 사람들은 낮은 보상으로 자신의 행동을 정당화하기 힘들었기 때문에 차라리 믿음을 바꿔 심리적 부조화를 없애려고 했던 것이다.

근거도 없이 자릴 잡은 선입견이 무서운 이유가 바로 이것이다. 내가 가진 선입견과 현실의 불일치가 심리적 불편을 초래하기 때문에 대부분의 사람들은 이러한 원인을 일으키는 바른 상황이나 정보를 적극 피하려고 한다. 결국 고착화된 선입견은 편견을 부르고, 편견은 다양한 생각을 포용하지 못하게 만든다. 그래서 흔히 직장생활에서 "한 번 좋게 보면 끝까지 좋게 보고, 한 번 밉게 보면 끝까지 밉게 본다."라는 말이 있는 것 아닐까.

2. 비교하지 마라

포용을 가로막는 또 하나의 장애물은 '동료와의 비교'다. 이는 한국 직장인들의 자부심이 낮은 주요 이유이기도 하다. 나름 일을 잘하는 사람인데도 같은 팀 동료 중에 일을 더 잘하는 사람이 있으면 괜히 주눅이 들기 쉽다. 이른바 '엄친아' 현상이다. 이처럼 어떤 절대적 기준이 아니라 이웃과의 비교를 통해 자신을 평가하는 현상을 일컬어 '이웃 효과Neighbor Effect'라고 한다.

2006년 한국종합사회자사에서 나타난 계층별 체감소득은 우리 사회의 이웃 효과를 극명히 드러내 보였다. 월 소득이 500만 원대인 사람 중 26.6%가 자신이 하위 계층이라고 답한 반면, 400만 원대에서는 그 비율이 5.1%에 불과했기 때문이다. 한편 100만원 미만 소득계층에서는 61%만이 하위계층이라고 인식하는 것으로 나타났다. 즉, 비교의 대상을 누구로 삼느냐에 따라 자신에 대한 평가가 크게 달라진다는 말이다. 예로부터 우리 선인들은 이런 '이웃 효과'에 관한 명언들을 많이 남겼다.

우리는 우리보다 뒤쳐져 있는 사람들을 보고 행복해 하기보다는 우리보다 앞서 있는 사람들을 보고 불행해 한다.

● 미셸 몽테뉴(Michel Eyquem de Montaigne 프랑스의 사상가)

현실보다는 비교가 사람을 행복하거나 비참하게 만든다.

● 토머스 풀러(Thomas Fuller 영국의 성직자이자 작가)

행복한 것만으론 충분치 않다. 다른 사람들의 불행도 필요하다.

● 쥘 르나르(Jules Renard 프랑스의 작가)

거지는 자신보다 많은 수입을 올린 다른 거지들을 시기할망정 백
만장자를 시기하진 않는다.

● 버트런드 러셀(Bertrand Russell 영국의 철학자)

함께 일하던 동료가 성공하면 "나는 뭔가?" 하는 자괴감에 빠져들기 십상인데, 자괴감은 '함께 일하고 싶은 사람'이 되기 위한 길에서 만나는 가장 큰 적이다. 자존감을 떨어뜨리는 것도 문제지만, 더 큰 문제는 마음의 문을 닫아버려 동료들과의 관계가 소원해지기 때문이다. 먼 훗날 깨달았을 땐 이미 늦어버리는 것이 바로 자괴감이다.

3. 타성에 젖지 마라

포용의 장애가 되는 마지막 하나는 바로 '타성'이다. 타성은 원래 물리학적인 용어로, '관성'이라고도 한다. 모든 물체가 자신의 운동 상태를 그대로 유지하려고 하는 힘을 말한다. 쉽게 말하면, 외부에서 다른 힘이 가해지지 않는 한 정지해 있는 물체는 그대로 정지해 있으려고 하고, 반면 움직이는 물체는 원래의 속력과 방향을 그래도 유지하려고 한다는 것이다. 이러한 관성은 다양한 생각이나 의견을 포용하기 어렵게 만든다.

에스키모 인들은 모피 등 중요한 자원으로 늑대를 사냥한다. 늑대를 사냥하기 위해 그들은 날카로운 창에 동물의 피를 발라 들판에 꽂아둔다. 냄새를 맡고 모여든 늑대들은 피를 핥다가 추운 날씨 탓에 혀가 마비되어 자신의 혀에서 피가 나와도 누구의 핀지 모르고 계속 창 끝의 피를 핥다가 결국 죽음을 맞는다.

포용도 늑대의 혀와 마찬가지다. 주변을 고려하지 않고 자기 자신만을 고집한다면, 주변을 괴롭힐 뿐 아니라 언젠가는 스스로 파멸하고 만다. 죽지 않으려면 타성에서 빠져 나와야 한다.

우리는 왜 다양성을 포용해야만 하는가? 바로 집단사고로 인한 잘못된 결정을 내리지 않기 위해서이다.

미국의 심리학자인 어빙 재니스Irving Janis는 1972년에 출간한 자신의 저서 『집단사고의 희생자들Victims of Groupthink』에서 "응집력이 강한 집단의 구성원들이 어떤 현실적인 판단을 내릴 때 만장일치를 이루려고 하는 사고의 경향"을 '집단사고groupthink'라고 정의했다. 쉽게 말하면, 낙관론에 집단적으로 눈이 멀어버리는 현상이라고 할 수 있다.

즉 의사결정을 할 때 집단 구성원들끼리 의견 일치를 추구하면, 독립적인 비판적 사고가 집단사고에 의해 대체될 위험성도 그만큼 커지게 된다는 뜻이다. 게다가 편협적인 집단사고는 집단 외부를 향해 비합리적이고 비인간적인 행동을 취하게 하기도 한다. 이러한 집단사고를 방지하기 위해 다양성을 포용해야 하는 것이다.

때로는 팀의 장점이 단점이 되기도 한다. 팀을 이루면 대개는 개인이 단독으로 무언가 결정할 때보다 나은 결정을 내릴 수 있다. 다양한 사람들의 의견을 수렴하여 반대 의견을 심사숙고한 다음 공동의 목표에 맞는 결정을 내리기 때문이다. 그러나 "사공이 많으면 배가 산으로 간다."는 말도 있듯이 의견의 불일치가 동질감을 해치거나 공통의 목표를 달성하는 데 방해가 되기도 한다. 그리하여 간혹 그런 일이 생기지 않도록 무조건적인 의견 일치를 추구하는 경향이 나타나기도 한다. 모든 의사결정이 일치해야 한다는 집단사고는, 다른 의견을 억눌러 구성원들이 모두 표면적으로만 동의하는, 다수의 관점이 제대로 반영되지 않은 결정을 내리는 과오를 범하게 된다.

미국 정부의 '집단사고'의 대표적인 예로는 케네디 행정부의 피그스만 침공 사건(1961년 미국이 쿠바인 망명자로 구성된 군대 1,400명으로 쿠바를 침공한 사건. 쿠바군은 이들을 격퇴시키고, 5,300만 달러를 받고 포로를 풀어주었다), 존스 행정부의 베트남 정책, 닉슨 행정부의 워터게이트 사건 등이 있다.

쿠바의 피그스만 침공 사건에 고문으로 참여했던 역사학자 아서 슐레진저Arthur Schlesinger, Jr.는 훗날 다음과 같이 술회했다. "내가 할 수 있는 유일한 변명은, 당시의 토론 분위기 때문에 그 터무니없는 계획에 대해 소극적인 몇 가지 질문을 제외하고는 반대 의견을 개진하지 못했다는 것이다." 그의 그런 소극적인 질문마저 가로막고 나선 사람이 바로 케네디 대통령의 동생이자 당시 법무부

장관이었던 로버트 케네디였다. 로버트 케네디는 슐레진저를 따로 불러 주의를 주었다. "당신 생각이 맞을 수도 있고 틀릴 수도 있지만, 대통령은 이미 결심을 했습니다. 그러니 더는 왈가왈부하지 마세요. 지금은 대통령을 돕기 위해 모든 사람이 각자 할 수 있는 최선을 다해야 할 때입니다."

앞서 말한 모든 사건이 그랬듯이, '집단사고'는 집단 구성원의 다양성을 포용하지 못함으로써 발생한다. 다양성을 포용하지 못하는 분위기는, '왕따'나 불이익을 당할 가능성에 대한 우려로 인하여 자신의 생각이나 의심을 억누르게 한다.

미국의 16대 대통령인 에이브러햄 링컨은 이와 같은 집단사고의 위험성을 방지하기 위하여, 자신을 좋아하지도 존경하지도 않았지만 중요한 공헌을 할 수 있는 적수들을 내각에 임명해 다양성을 포용했다. 버락 오바마 대통령 또한 내각 임명을 발표하는 기자회견에서 그의 맞수였던 힐러리 클린턴, 부시 전 대통령 밑에 있었던 CIA 국장 로버트 게이츠 등 개성이 뚜렷하고 의견이 강한 인물들을 모아서 집단사고 문제와 싸우겠다고 말했다.

다양한 사람들을 모아서 다양한 의견을 수렴한다면 의견이 일치해야 한다는 편견과 맞설 수 있다. 목표를 달성하겠다고 무조건 의견 일치를 보고 반대 의견을 묵살하려는 잘못된 태도는 버려야 한다. 공통의 문제를 해결하고 해법을 찾기 위해 서로의 생각이나 의견을 포용하면 오히려 팀의 결속에 도움이 될 수 있다.

우리나라 속담에 "시시덕이는 재를 넘어도 새침데기는 골로 빠진다."는 말이 있다. 참견 잘하고 떠벌리기 좋아하는 시시덕이는, 어디를 가든 사람들과 어울려 이야기를 나누고 이것저것 주워듣는 것도 많기 때문에, 어려운 상황을 만나도 그것을 이겨내고 정확하게 목적지에 도달할 수 있다. 여러 사람의 생각이나 의견을 포용하기 때문이다. 반면에 새침데기는 이해타산이 빠르고 꼼꼼한 것 같지만, 흔히 말하는 책상물림이다. 다른 사람과 의견을 주고받지 않고 혼자 생각하고 혼자 판단해서 혼자 결정하는 사람이다. 이런 사람들은 어려운 상황에 부딪히면 헤쳐 나가기 어렵다. 자아도취 속에 갇혀서 나와 다른 것을 포용하지 못하기 때문이다.

자기는 이미 모든 것을 다 알고 있다는 생각에 더 이상 배울 것이 없다는 듯 행동하는 사람이 있다. 하지만 이미 안다고 생각하는 것은 절대 배울 수 없다는 말과 같다. 새침데기가 되어 조그만 틀 안에 자기를 가두지 말고, 포용력을 키우기 위해서는 시시덕이처럼 주변과 끊임없이 소통하고 입장을 바꿔 생각할 줄 알아야 한다.

다양성을 담는 그릇이 다르다

• 회사에서는 왜 다양성을 포용해야 하는 것일까? 나의 포용 능력은 어느 정도인가?

• 알고 지내는 사람 중 다양성을 포용하지 못하는 사람을 떠올려보자. 무엇이 문제이며, 포용을 가로막는 원인은 무엇인가?

• 포용력을 키우기 위해 시시덕이와 새침데기에게 배워야 할 것은 무엇인가?

Ⅱ. 실력이 가치를 높인다

파레토의 법칙Pareto Principle에서 중요한 것은 20이라는 숫자이다.

20%의 사람들이 80%의 돈을 번다.

20%의 사람들이 전 세계 세금의 80%를 낸다.

20%의 사람들이 우리에게 주어진 시간의 80%를 가져간다.

20%의 시간을 어떻게 활용하는가가 결과의 80%를 좌우한다.

20%의 인재가 회사에서 창출하는 성과의 80%를 낸다.

직장생활을 하다 보면 도무지 이해할 수 없는 일로 부당한 대우를 받을 때가 종종 있다. 단순한 항의는 하책이다. 보다 완벽한 실력으로 나의 가치를 높이는 것, 나의 존재를 각인시키는 것만이 상책이다. '함께 일하고 싶은 사람'이 되느냐 아니냐는 지식이 아니라 실력에 있고, 성공한 기업인가 아닌가의 차이는 전략이 아니라 실행할 수 있는 능력에 있다.

실력은 자신감을 키우는 가장 효과적인 방법인 동시에 원하는 것을 얻게 해주는 유일한 수단이다. 개인이든 조직이든 실력이야말로 진정한 경쟁력이며, 미래이다.

이 글을 읽으며 혹여 당신은 '하지만 난 그런 실력이 없는걸.'이라고 미리부터 포기하고 있는가? 실력은 타고난 자질이 아니다. 누구나 배우고 연습하면 개발할 수 있는 일종의 기술일 뿐이다. 당신이 스스로 실력이 부족하다고 느끼는 것은 당신의 의지력이 부족해서가 아니다. 실력을 쌓는 아직 효과적인 방법을 깨우치지 못한 것뿐이다. '함께 일하고 싶은 핵심 인재'의 노하우를 공부하고 연습하면 누구나 실력을 키워 성과를 만들어낼 수 있다.

2부에서는 실력이란 '문제해결 능력을 가진 전문가'라는 시점으로 실력을 키울 수 있는 방법들을 소개한다. 나아가 실력을 키울 수 있도록 스스로를 통제하는 방법도 설명한다.

내 안의 거인을 깨워라

전북 완주에 사시는 69세의 할머니 한 분이 64세부터 운전면허 시험에 도전해 5년 만인 2010년 4월에 드디어 운전면허를 취득했다. "혼자 산께(사니까), 적적해서, 인자 여기저기 놀러 갈 수도 있고, 긍께(그러니까) 동물원에도 가고, 딸네 집에도 가고, 아들네 집에도 가고 할라고…. 아따, 근디(그런데) 사람들이 나를 보면 미쳤다고 하고 무섭다고도 한다드만 잉." 이 할머니는 2005년 4월 첫 필기시험 이후 필기시험만 950번, 기능·도로주행 시험을 10번 치러 총 950번의 시도 끝에 면허를 취득한 것이다. 도전하게 된 계기를 묻는 기자에게 그녀는 이렇게 말했다. "면허시험 문제집을 보니까 65세도 5년만 하면 합격한다고 그래요. 그래서 계속 봤지. 진짜 딱 5년 만에 땄잖아." 주말과 국경일을 제외하고는 매일 시험을 보러 다녔지만 점수는 30~50점을 넘지 못했다. 차비만 매주 12만3천 원이고, 인지대가 회당 6천 원씩 지금껏

총 500만 원이 넘게 들었다고 한다. 잡곡이나 쑥을 뜯어 시장에서 파는 할머니는 비용을 마련하기 위해 아파트 청소 등 '투 잡'도 서슴지 않고 했다고 한다. 이제 차를 사는 게 순서라는 할머니의 이름은 공교롭게도 '차사순'이었다.

● 한국일보, 2010년 5월 7일자 기사

직장생활은 무엇보다도 스타트 대시start dash(단거리 달리기 경주에서 출발하는 동시에 최고 스피드로 달리는 것)가 중요하다. 스타트 대시로 만든 순환 작용의 성과는 평범하게 시작한 사람들이 나중에 따라잡을 수 없을 만큼 차이가 나기 때문이다.

대학 시절에는 누구나 기본적으로 같은 수업을 들을 수 있다. 학점만 받으면 누구든지 다음 학년으로 올라가고 졸업도 할 수 있다. 하지만 직장은 그렇게 간단하지가 않다. 몇 년 전부터 우리 사회에 몰아치기 시작한 자기 개발 붐은 많은 직장인들에게 '성공을 위한 첫걸음으로써의 자기 개발'에 대한 강박관념을 주입시켰다. 그러나 구체적으로 무엇을 어떻게 해야 할지 갈피를 못 잡고 있는 것이 현실이다.

성실한 직장인이었던 당신이 어느 날 느닷없이 일터에서 내몰리거나 회사를 떠나야 할 상황에 처했다고 생각해보자. 어디서부터 잘못되었는지, 무엇을 해야 할지 종잡을 수 없다면, 우선 자신이 양계장의 암탉 증후군에 빠져 있었던 건 아닌지를 점검해야 한다. 양계장에서는 암탉들에게 고열량의 배합된 사료를 제공하고 밤늦도록 환하게 불을 밝힌다. 물론 그 목적은 두말할 것 없이 더 많은 달걀을 얻기 위함이다. 결코 닭들을 위한 것이 아니다. 직장인도 마찬가지다. 일에만 매몰되어 자신의 성장을 게을리 한다면 양계장 암탉과 다를 게 없다.

'함께 일하고 싶은 사람'은 자신을 성장시키는 남다른 스타트 대시를 가지고 있다. 그들의 스타트 대시를 한 번 살펴보자.

1. 열린 마음을 가지고 출발한다

미국의 심리학자 캐럴 드웍은, 사람들이 성공의 본질을 보는 근본 관점에 따라 자신의 성장을 달리 해석한다는 점을 발견했다. 그는 이런 마음의 틀을 '마음가짐mindset'이라고 칭하고, '열린 마음'과 '닫힌 마음'의 차이를 설명했다.

'닫힌 마음fixed mind'을 가진 사람은, 지능과 능력을 타고나는 것이라고 여겨서 아무리 개선하려고 노력해봤자 시간만 낭비하는 것이라고 생각한다. 그리하여 어떤 일에 대해 나쁜 평가를 받으면, 개선의 여지가 없다고 생각하여 낮은 평가를 받을 만한 활동은 회피하려고 한다. 반면에 '열린 마음growth mind'을 가진 사람들은 노력하면 실패를 성공으로 바꿀 수 있다고 믿고, 나쁜 평가를 받아도 실력을 키우기 위해 무엇을 해야 할지 스스로 찾는다.

즉 닫힌 마음을 가진 사람들은 "새로운 일을 배울 수는 있지만 얼마나 성공할지 장담할 수 없어."라고 생각하지만, 열린 마음을 가진 사람은 "재능은 상관없어, 노력하면 해낼 수 있어."라고 생각한다. 중요한 것은, 열린 마음은 주위 동료들에게까지 전이된다는 사실이다.

드웍 박사는 이를 입증하기 위한 실험 방법으로 비디오 게임을 선택했다. 참여자는 두 그룹으로 나누어 자신의 캐릭터와 함께 판타지 세계를 탐험하고, 노랑 크리스털을 찾으러 다녔다. 사실 노랑 크리스털은 존재하지 않았고, 두 그룹 모두 이 사실을 몰랐다. 당연히 두 그룹 참여자들 모두 임무에 실패할 수밖에 없었다.

게임이 끝난 후 A그룹에게는 닫힌 마음을 가진 평가자가 "게임에서 졌군요. 어느 정도 재능을 타고나야 이 게임을 잘할 수 있어요. 당신은 비디오 게임에는 전혀 재능이 없군요."라고 말했다. B그룹에게는 열린 마음을 가진 평가자가 "게임에서 졌군요. 연습하면 실력이 늘 거예요."라고 말했다. 이어서 두 유형의 평가가 이후 참여자들의 마음가짐에 어떤 영향을 미치는지 확인하기 위해 쉬운 게임과 어려운 게임 각 10종류를 간단히 설명한 다음, 참여자들에게 설문을 통해 각 게임이 얼마나 어렵게 느껴지는지, 혹은 얼마나 재미있게 느껴지는지를 평가하도록 했다.

설문 결과, A그룹은 실력을 늘리는 데 관심이 없었으며 쉬운 게임을 선호했다. 반면에 B그룹은 실력을 높일 기회로 받아들여 어려운 게임의 높은 단계에 도전하고 싶다는 뜻을 내비쳤다. 즉 닫힌 마음을 가진 사람의 영향을 받으면 실패를 피해 자신의 능력 수준에 맞는 일만 찾게 되고, 열린 마음을 가진 사람의 영향을 받으면 어려운 일에 도전하는 것을 두려워하지 않으며 실력을 높일 기회로 여긴다. 결국 열린 마음을 가진 사람은 주위의 동료까지 그 긍정적 기운을 전염시킨다고 할 수 있다.

2. 높고 큰 미래를 그려서 출발한다

'함께 일하고 싶은 사람'은 직장인으로 출발하는 시점에 이미 주변 사람들보다 두 배, 아니 몇 배나 큰 목표를 글로 쓴다. 그 목표는 달성 가능성이 아니라 얼마나 설레느냐를 더 중요하게 생각한다. 목표를 달성한 순간을 떠올려도 설렘이 없다면, 그 목표가 너무 작은 것은 아닌지 의심해보아야 한다. 그들은 '최고로 인정받는 선배를 뛰어넘자!', '회사에서 1등이 되자!', '업계에서 1등이 되자!' 등과 같이 달성했을 때 가슴이 설레는 목표를 세운다.

1979년 하버드 대학에서 흥미로운 조사를 했다. 교수는 학생들에게 인생의 목표를 가지고 있는지를 물었고, 있다면 적어서 제출하라고 하였다. 그 결과,

- 84%의 학생은 목표가 없었다.
- 13%의 학생은 목표가 있지만 그것을 적지는 않았다.
- 3%의 학생은 목표도 있고 적어서 제출하기까지 했다.

목표가 있는 학생은 16%밖에 안 되었고, 그중에서 목표를 적어낸 학생은 단 3%에 불과했다. 실험은 여기에서 끝난 것이 아니었다. 10년 후에 교수는 당시 조사에 참여했던 학생들에게 연락하

여 현재 상황을 알아보았다. 놀라운 결과가 나왔다. 그 당시 목표는 있지만 적어서 제출하지 않았던 13% 학생들의 평균 연봉은 목표가 없던 84% 학생들의 약 2배에 달했다. 이 결과만으로도 목표를 정하는 행위가 지닌 힘의 크기를 가늠할 수 있다. 더 놀라운 건, 목표를 적어서 제출했던 3%의 학생은 나머지 97% 학생들의 평균 연봉보다 10배나 더 많았다는 사실이다.

이 결과를 어떻게 해석해야 할까? 단지 목표를 종이에 적어서 제출한 행위가 이렇게나 큰 차이를 만드는 것일까? 사실 막연한 생각을 글로 표현하는 것은 생각만큼 쉽지 않다. 머릿속에만 있던 생각을 글로 쓸 수 있다는 것은 그만큼 목표가 상당히 구체적이라는 뜻이다. 게다가 그들은 자신이 정한 목표를 눈에 띄는 곳에 붙여놓고 매일 쳐다보면서 목표를 향한 행동을 습관화했다고 한다. 결국 중요한 것은 '매일' 봐야 한다는 것이다. 인간은 망각의 동물이기 때문이다.

독일의 심리학자 헤르만 에빙하우스Hermann Ebbinghaus 교수에 따르면, 인간은 학습한 지 몇 분만 지나면 망각이 시작된다고 하는데, 20분 후에는 42%의 기억이 사라지고, 1시간 후에는 56% 이상의 기억을 잊게 된다고 한다. 하루가 지나면 66%, 일주일이 지나면 75%, 한 달이 지나면 80~90% 이상을 잊어버리게 된다고 한다.

이처럼 보통 사람은 새로운 내용을 외운 지 1시간이 지나면 반 이상을 잊기 시작하므로, 1시간 안에 다시 반복해서 외우면 하루 동안 기억이 지속되고, 다음날 다시 외우면 일주일, 일주일 후에 다시 외우면 한 달, 한 달 후에 다시 외우면 6개월 정도 지속되며, 이때부터는 장기 기억 상태로 변환되어 6개월이나 1년에 한 번씩 생각해보아도 영구 기억 상태가 된다고 한다. 목표를 눈에 띄는 곳에 두고 매일 봐야 하는 이유가 여기에 있다.

게다가 매일 눈으로 목표를 확인하면 매번 그때의 마음가짐이 되살아나며, 목표를 달성하는 데 필요한 다양한 정보에 민감해지는 효과도 있다. 즉 의식하고 있는 정보가 자연스럽게 눈에 더 많이 들어오는 '컬러 배스 효과Color Bath Effect'다. 예를 들면, 오늘의 행운 컬러가 파란색이라는 소리를 듣고 나면 길을 걷다가도 파란색만 눈에 들어오는 현상을 말한다. 사고 싶은 명품이나 자동차가 있으면 그것에 관련된 정보가 자꾸 눈에 띄고, 부인이 임신을 하게 되면 평소에 관심 없던 출산용품이 점점 눈에 들어오는 경우라고 할 수 있다.

이런 현상은 인간이 눈이 아닌 뇌로 정보를 처리하기 때문에 일어난다. 즉 뇌에 자신이 원하는 정보를 강하게 입력시킬수록 잠재의식이 작동하여 필요한 정보가 점점 눈에 많이 들어오게 되는 것이다. 목표를 적어 놓고 매일 눈으로 확인하면, 목표가 잠재의식에 점점 더 많이 새겨지고 정보의 감도도 압도적으로 높아지게 된다.

그러나 대부분의 사람들은 '빨리 업무를 익혀 제몫을 해내는 사람으로 인정받고 싶다!'는 막연하고 당연한 목표만 세운다. 출발점부터 확연히 다른 목표를 가지고 있다면 차이가 벌어지는 것은 당연한 일이다. 누구나 달성할 수 있는 목표로는 결코 '함께 일하고 싶은 사람'이 될 수 없다.

자, 이제 자기 안의 거인을 깨울 수 있는 높은 목표를 정해서 구체적인 글로 적어보자. 그리고는 가장 눈에 잘 띄는 곳에 걸어두고 매일 바라보며 되새기자. 목표를 정했을 때의 마음가짐을 잊지 않도록 말이다.

3. 궁극적인 이유를 가지고 출발한다

'함께 일하고 싶은 사람'은 가슴 설레는 목표를 꼭 달성하겠다는 강한 동기부여, 즉 궁극적인 이유를 가지고 있다. 예를 들어 자기 앞에 폭 15cm, 길이 10m, 높이 50cm의 나무다리가 놓여 있다고 가정해보자. 이것을 떨어지지 않고 끝까지 건너면 100만 원을 받을 수 있다. 도전하겠느냐는 질문에 거의 대부분의 사람들은 건너겠다고 대답할 것이다. 나무다리가 부러지거나 떨어지더라도 50cm의 높이에서 다칠 일은 거의 없기 때문이다.

그렇다면 이 나무다리가 15층 아파트 옥상에서 옆 아파트의 옥상에 놓여 있다면 어떨까? 높이는 50m, 아파트와 아파트 사이는 10m다. 이번에는 반대로 대부분의 사람들은 건너지 않겠다고 대답할 것이다. 고작 100만 원에 생명을 걸 수는 없기 때문이다. 그러면 상금을 1천만 원으로 올리면 어떨까? 역시 마찬가지일 것이다. 생명은 돈으로 바꿀 수 없기 때문이다.

그러나 전혀 다른 상황이라면 어떨까? 당신의 가족이 흉악범에게 인질로 끌려가 옆 아파트 옥상에 붙잡혀 있다면? 범인이 가족의 목에 칼을 들이대고 위협하면서 건너오지 않으면 인질을 죽이겠다고 한다면? 영화의 한 장면을 연상케 하지만, 실제로 그런 일이 일어난다면 대부분은 소중한 가족을 구하기 위해 다리를 건널 것이다.

이것이 바로 궁극적인 이유의 힘이다. 인간은 궁극적으로 해야만 하는 상황에 처하면 평소와 다른 결단을 내리며 잠들어 있는 거인을 깨워 목표를 달성하려고 한다. 최고가 되고 싶은 이유가 명확하지 않은 사람은, 무언가 어려운 일에 부딪히면 자신이 할 수 없는 일이라며 포기하고 만다. 하지만 최고가 되어야만 하는 이유가 명확한 사람은 어떠한 역경이 닥쳐도 이겨내고 목표를 실현한다. 정상에 올라야 할 명백한 이유가 자기 안의 거인을 일으켜 세우기 때문이다.

4. 목표를 공표하고 출발한다

'함께 일하고 싶은 사람'은 목표에 대한 동기 부여를 효과적으로 하기 위해 자신이 결정한 목표를 주위 사람들에게 공표한다. 무슨 일이 있어도 도전하도록 자신을 스스로 낭떠러지로 몰아넣는 것과 같다. 많은 사람에게 하는 약속은 스스로를 목표 달성에 집중시켜 엄청난 힘을 발휘하게 된다. 대부분의 사람들은 허풍쟁이로 불리거나 약속을 지키지 않는 사람이란 인식이 박힐까 두려워하기 때문이다. '함께 일하고 싶은 사람'은 누구보다도 이 힘을 잘 이용할 줄 안다.

1961년 5월 25일, 케네디 대통령은 "10년 안에 인류를 달에 착륙시키고 안전하게 지구로 귀환시키겠다."는 '아폴로 계획'을 세우고 공표했다. 이 선언의 배경에는 구소련과의 우주개발 경쟁에서 절대로 지지 않겠다는 궁극적인 이유가 있었지만, 발표 당시에는 누구도 그 계획이 성공할 거라고 예측하지 못했다. 그러나 이 꿈만 같던 계획은 1969년 7월 20일에 현실이 되었다.

전 국민을 대상으로 '아폴로 계획'을 선언한 것과 "10년 이내에 달성하겠다."고 기간을 정한 것이 그 꿈의 계획을 실현할 수 있었던 힘이 아니었을까? 전 세계를 대상으로 공표한 목표는 미국의 연구자들에게 강한 동기부여가 되었을 것이며, 10년 이내에 성공해야 한다는 기간 설정은 더 이상 물러설 곳도 없는 상황까지 자신을 몰아넣으며 불가능을 가능케 하는 힘을 끌어냈을 것이다. 게다가 공표를 하면 목표 달성을 위해 협력하는 동료가 늘어난다. 목표의 크기가 엄청나고 어려울수록, 공표한 대상이 많으면 많을수록 커다란 힘이 만들어지는 것이다.

자신 안의 거인을 깨우는 방법이 다르다

• 자신 안의 거인을 깨우기 위해 왜 열린 마음이 중요한가? 왜 가슴 설레는 목표를 세워야 하는가?

• 왜 목표를 글로 적어야 하는가?

• 자신의 목표를 글로 적어보자. 그리고 그 목표를 주위 사람들에게 공표해보자.

Secret 9.

문제 해결 능력을 키워라

어느 날 밤, 물라 나스루딘Mulla Nasrudin('행복한 바보 성자'로 불리며, 이슬람 수피 우화에 자주 등장하는 주인공)이 가로등 아래서 무언가를 찾고 있었다. 지나가던 행인이 그걸 보고 무슨 일이냐고 물었다. 나스루딘이 열쇠를 잃어버렸다고 하자, 친절하게도 그 행인은 허리를 숙이고 열쇠 찾는 것을 도와주었다. 한 시간이 넘게 찾아봤지만 열쇠를 찾을 수 없자, 마침내 행인이 물었다.

"정말 여기서 잃어버린 것이 맞소?"

나스루딘이 어두운 골목길을 가리키며 대답했다.

"아니오, 저기 컴컴한 데서 잃어버렸소."

화가 난 행인이 어이가 없다는 듯 다시 물었다.

"그런데 왜 이 가로등 밑에서 열쇠를 찾고 있소?"

나스루딘이 대답했다. "여기가 환하니까요."

● 이규민 『실행이 답이다』 중에서

‘함께 일하고 싶은 핵심 인재’로 성장한 사람들을 보면 공통적으로 가지고 있는 무기, 즉 ‘한칼’이 있다. 바로 문제 해결 능력이다. 조직에서의 일이란 경영에서 발생하는 ‘해결해야 할 문제’이며, 결론적으로 일에는 ‘문제’와 ‘해결 방안’이라는 두 가지 측면이 존재한다. 정확히 ‘문제’를 발견하고, 그 문제를 해결하기 위한 구체적인 ‘해결 방안’을 수립해서 실행에 옮기는 사람이 필요하다. 이 사람들이 바로 문제 해결형Problem-solving 인재라고 불리는, ‘함께 일하고 싶은 사람’이다. 그래서 신입사원을 뽑을 때는 학벌이나 스펙을 따지지만, 핵심 인재로 육성할 땐 문제 해결 능력을 으뜸으로 본다. 사실 회사가 망하는 건 문제가 있어서가 아니라(어느 회사나 문제는 있다), 문제를 발견하고 해결 방안을 수립할 수 있는 문제 해결형 인재가 없기 때문이다.

그렇다면 회사는 왜 문제 해결형 인재를 채용하지 못하는 것일까? 바로 채용의 ‘브래들리 효과Bradley Effect’ 때문이라고 할 수 있다. 브래들리 효과란 유색인종 후보자가 여론조사 때는 높은 지지율을 기록했음에도 불구하고 실제 투표에서는 그에 훨씬 못 미치는 득표율을 얻는 현상을 일컫는다. 많은 백인들이 자기 안에 숨어 있는 인종차별 심리를 감추기 위해 지지율 조사에서는 유색인종 후보를 지지한다고 말했지만, 결국 투표소에서는 백인 후보에게 표를 던지게 된다는 것이다.

채용의 브래들리 효과는 문제 해결형 인재, 창의적인 인재, 바이킹 인재, 전문가 등을 어떠한 조건 없이 모집한다고 공고를 내지만, 막상 채용하는 순간에는 학력이나 경력사항, 외국어 성적, 출신 지역 등의 조건이 크게 작용하여 채용하게 되는 것을 말한다. 소위 명문대학 출신이나 고학력자들은 면접관이 원하는 답이 무엇인지 이미 잘 알고 있을 뿐만 아니라 박학다식하기 때문에 화려한 달변으로 무장된 이들이 채용되는 경우가 많은 것은 어쩌면 당연한 일이기도 하다. 이들은 일을 할 때도 어떤 상황이나 문제점을 콕콕 집어내고, 합리적이고 냉철한 판단을 내린다. 한 발짝 물러서서 제3자의 눈으로 보기 때문에 전체 그림을 볼 줄 알기 때문이다.

그러나 문제는, 관찰자의 자세로 냉철한 비평을 하는 것까지는 좋은데, 문제만 발견했지 해결 방안을 만들어 이끌어가는 데는 완전히 젬병이라는 데 있다. 결국 대안은 주지도 못하면서 이러쿵저러쿵 미래의 불확실성만을 앞세워 일의 의욕을 꺾기 일쑤다. 때로는 파벌을 만들어 편을 가르기도 하고, 부정적인 분위기를 조성하기도 한다. 결정적으로 이들은 어떠한 일에도 도전하지 않으며, 실행하지도 않는다. 결국 지금까지 회사는 함께 일하기 '싫은' 사람들만 채용하고 있는 셈이다.

비평이 말의 미학이라면, 회사가 원하는 미학은 성과다. 말이 아닌 행동으로, 계획이 아닌 실행으로, 스펙이 아닌 경험으로 평가해서 채용해야 한다. 예를 들면, '역량 면접'도 이런 추세를 반영한 방법 중의 하나다. 역량 면접은 1970년 맥클레랜드McClelland 교수가 외교관 선발 연구에 적용하면서 그 효과가 입증되어 널리 퍼지게 된 방식이다. 연구 결과에 따르면 IQ, 외국어 능력, GPA(Grade

Point Average 학부 성적), 학력 등의 기준으로 선발된 외교관보다 문화적 감수성, 정치적 네트워크 파악 능력, 타인에 대한 긍정적 기대 심리 정도 등을 기준으로 선발된 외교관이 훨씬 더 많은 성과를 내는 것으로 나타났다. 즉 채용에서 '무슨 일들을 얼마나, 어떻게 경험해왔는가?'를 따지는 것만큼 중요한 척도는 없다는 것이다.

그렇다면 회사는 왜 문제 해결 능력을 키우지 못하는 것일까? 물론 문제 해결 능력을 키운다는 것이 말처럼 그리 쉬운 일이 아니다. 문제의 본질이 무엇인지 알아야 하고, 가장 적합한 해결 방안을 구체적으로 수립해야 하며, 해결 과정까지도 주도면밀하게 진행해야 하기 때문이다.

이제 '함께 일하고 싶은 사람'이 어떻게 문제 해결 능력을 갖추게 되었는지 살펴보자.

1. '문제의 본질'을 명확히 이해한다

문제는 '바람직한 수준과 현재 수준 사이의 차이(Gap)'이며, 즉 '해결이 필요한 상황'이라고 할 수 있다. 회사에서는 '바람직한 수준'을 '목표'란 말로 바꾸어 사용하기도 한다.

문제 = 바람직한 수준 - 현재 수준

근본적인 문제를 발견할 수 있다면 문제 해결의 절반은 달성되었다고 생각해도 과언이 아니다. 문제를 발견하지 못하면 그 어떤 해결의 시도도 성공할 수 없기 때문이다. 그러므로 문제 해결 과

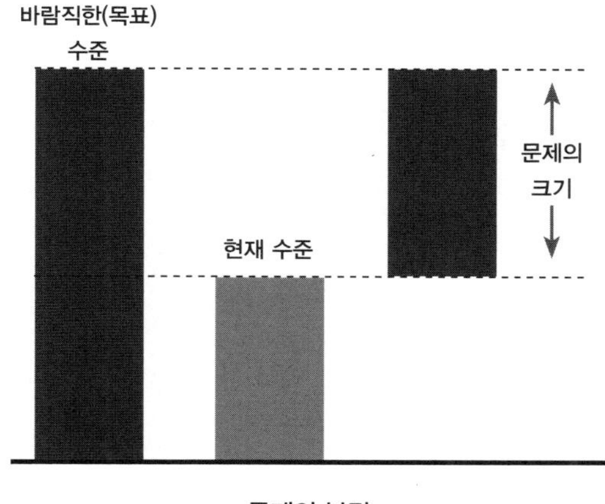

정에서 가장 중요하고 어려운 부분이 바로 근본적인 문제를 발견
하는 것이다. 아래의 사례를 읽고 홍길동 씨의 입장에서 무엇이 문
제였는지 살펴보자.

홍길동 씨는 오랜만에 고향 후배를 만나 술을 마시고 집으로 돌아
가기 위해 차를 몰았다. 집에 가는 도중에 갑자기 내린 폭우로 인
해 길은 미끄러웠고, 도로 곳곳에는 빗물이 고인 웅덩이가 생겼
다. 홍길동 씨는 갑자기 나타난 웅덩이를 피하려다 교통사고가 나
서 병원 응급실에 실려 가야 했다. 무엇이 문제일까?

각자의 생각에 따라 다양한 답들이 나올 수 있다. "음주운전이
문제다", "폭우가 문제다", "빗물이 고인 웅덩이가 문제다", "고향

후배를 만난 것이 문제다”, “차를 가져간 것이 문제다”, “도로관리를 방치한 관할 도로관리공단이 문제다” 등등 똑같은 상황에서도 다양한 답변이 나올 수 있다. 이는 각자가 문제를 보는 시각이 다르기 때문이다. 즉 ① 상황을 미리 예측하여 판단하지 못하고, ② 부분적인 것에 집착하여 전체를 보지 못하고, ③ 객관적으로 판단하여 행동하지 못하기 때문이다.

그렇다면 홍길동 씨의 입장에서 바람직한 수준은 무엇인가? 음주운전을 했든 안 했든, 폭우가 내리건 말건, 빗물이 고인 웅덩이가 있건 없건, 홍길동 씨는 무사히 집에 도착하기만 하면 된다. 그렇다면 현재 수준은 어떠한가? 교통사고가 나서 병원 응급실에서 치료를 받고 있다. 두 가지 수준의 차이를 도출해보면, 집에 무사히 도착하지 못하고 교통사고가 발생한 것, 즉 ‘교통사고 발생’이 문제이다.

음주운전, 폭우, 빗물이 고인 웅덩이는 ‘문제의 원인’이 되는 것이다. 이러한 문제의 원인 가운데 해결책을 수립하고 실행할 수 있는 두 가지, 즉 음주운전과 빗물에 고인 웅덩이를 ‘문제점’이라고 한다. 이 두 가지 문제점 중에서 자신의 힘으로 통제할 수 있는 음주운전이 근본적인 문제점이 된다. 또한 자신의 힘으로 통제할 수 없는 폭우는 문제점이 아니라 ‘제약조건’이 된다. 문제의 재발을 막기 위해서는 근본적인 문제점을 발견하는 것이 매우 중요하다. 이렇듯 문제와 문제점은 분명히 다르기 때문에 구분해서 사용해야 한다.

2. '문제의 정보'를 분석하라

문제를 파악하기 위해서는 현상, 배경, 원인의 세 가지 정보를 분석해야 한다. 현상으로 나타난 정보만으로 문제를 해결하고자 하면 진정한 해결점을 찾지 못한다. 그것은 마치 빙산의 일각으로 빙산의 크기를 판단하려는 것과 같다. 실제의 빙산은 대부분 물속에 잠겨 있고 10% 정도만 수면으로 그 모습을 보여주기 때문이다. 마찬가지로 문제의 본질적 해결을 위해서는 원인과 배경을 분석해보아야 한다. 실제적인 문제 해결은 원인과 배경을 해결하는 방안에서 나온다고 해도 과언이 아니다.

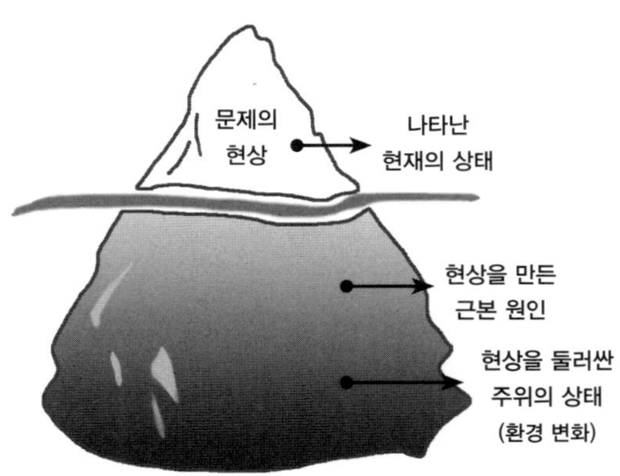

문제 특성의 빙산 모델

세 가지 정보를 분석할 때 가장 주의해야 할 것은, 분석자의 어떠한 의견이나 가치가 포함되어서는 안 된다는 점이다. 이는 사회과학 분야에서 연구자의 가치관이 연구 과정에 개입될 가능성을 최소한으로 줄이기 위해 '가치 중립의 자세'를 요구하는 것과 같다. 바꿔서 말하면, 연구자의 생각이나 의견이 연구에 영향을 미쳐서는 안 된다는 뜻이다. 문제에 관한 세 가지 정보 또한 분석자의 생각이나 의견을 배제하고 팩트로만 분석해야 한다.

팩트는 '실제로 일어난 일, 그래서 입증 또는 반증이 가능한 것'을 말한다. 예를 들면, "사과의 종류에는 국광, 홍옥, 부사 등이 있다.", "한국어는 계통상 알타이어족에 속한다."는 팩트다. 문제를 파악할 때는 철저하게 입증할 수 있는 팩트에 입각해서 분석해야 한다. 반면에 의견은 '어떤 대상에 대하여 가지는 느낌과 생각'이며, 이 느낌과 생각은 사람마다 다르므로 '반론이 존재하는 생각'을 말한다. 예를 들면, "나는 사과 중에서 홍옥이 제일 맛있다."는 팩트에 대한 느낌이고, "한국어를 바르고 아름답게 사용하자."는 의견이다.

그렇다면 세 가지 정보는 어떤 순서로 분석해야 옳을까?

① 현상을 분석한다. 현상의 사전적 의미는 '사물·현상이 놓여 있는 모양이나 형편'이다. 즉, 문제의 현상을 분석한다는 것은 '나타난 현재의 상태'를 분석한다는 뜻이다. 이때 가장 필요한 것이 '가치 중립의 자세'다. 자신의 생각이나 의견을 철저히 배제하고, 팩트에만 입각해 분석해야 한다.

② 원인을 분석한다. 원인의 사전적 의미는 '어떤 사물이나 상태를 변화시키거나 일으키게 하는 근본이 되는 일이나 사건'이다. 문제의 원인 분석은 '현상을 만든 근본 원인이 되는 일이나 사건'을 분석하는 것이다. 그러나 보이는 것만 보고, 보고 싶은 것만 보고, 상황에 맞게 꿰어 맞추는 선택적 인지는 오류를 일으킨다. 또한 눈에 보이는 확실한 증거가 없다고 추측을 해서는 안 된다. 원인은 현상을 만든, 입증할 수 있는 팩트여야만 한다.

③ 배경을 분석한다. 배경의 사전적 의미는 '뒤쪽의 경치', '뒷배경' 등 여러 가지가 있지만, 문제의 배경 분석은 '현상을 둘러싼 주위의 상태'를 분석하는 것이다. 즉, 현상을 어디론가 몰아가는 것이 배경이다. 한마디로, 문제의 배경은 주로 '환경 변화'라고 할 수 있다. 이러한 환경 변화도 입증할 수 있는 팩트여야만 한다. 예를 들면, 아침에 일어나서 속이 쓰린 것은 문제의 현상이다. 문제의 원인은 전날 늦게까지 동료들과 술을 많이 마셨기 때문이다. 속이 쓰리게 된 배경은 업무 스트레스다. 결국 업무 스트레스로 인해 밤늦게까지 술을 마셔서 속이 쓰린 것이다.

문제에 관한 3가지 정보

3. '해결 방안'을 수립하고 즉시 실행한다

해결이란 바람직한 수준과 현재의 수준을 동일한 수준으로 맞춰서 문제의 크기를 0으로 만드는 일련의 과정이라고 할 수 있다. 즉 '일을 한다'는 것은 문제를 해결하는 과정이 된다. 앞선 홍길동 씨의 사례처럼 음주운전이라는 근본적인 문제점을 알게 되면 몇 가지 해결 방안을 생각해 실행할 수 있다.

교통사고 전과 후로 나누어 문제의 크기를 제로로 만드는 해결 방안을 살펴보자. 사고 전에는 술을 마실 것 같으면 차를 가져가지 않거나, 가지고 갔더라도 대리운전이나 대중교통을 이용하는 것이다. 사고 후에는 관할 도로관리공단에 연락해서 도로에 있는 웅덩이 보수를 요청하는 것이다.

'함께 일하고 싶은 사람'은 자신의 성과를 내는 데 만족하지 않고 조직의 문제까지도 해결하려고 몇 배의 열정과 노력을 쏟아 붓는다. 거기서 문제의 본질을 보는 혜안이 생기고 성공의 경험이 쌓이는 것이다. 그러면 어느 조직에서든 절대로 놓치고 싶지 않은 '함께 일하고 싶은 사람'이 될 수 있다.

'함께 일하고 싶은 사람'들이 공통적으로 적용하고 있는 〈일 처리 5단계〉는 일을 빈틈없고 야무지게 처리하기 위해 SK 나름대로 정리한 문제 해결 프로세스다. 이 공통된 도구를 가지고 일을 논의하게 되면, 구성원 전체의 지식이 향상되는 것은 물론, 리더와 같은 생각과 방법으로 일을 처리할 수 있게 된다. 리더는 안심하고 과감하게 일을 맡길 수 있으며, 구성원들은 목표 달성을 위해 일사 불란하게 움직이게 된다. 리더는 마치 모든 일을 직접 하는 것같이 일의 진행 상황을 자세하게 알 수 있으므로 일을 완벽하게 챙길 수 있게 된다. 〈일 처리 5단계〉의 문제 해결 능력을 키우고 싶다면 저자의 『문제를 해결하는 기획』을 참고하기 바란다.

모든 일이 입체적으로 구성되어 있다는
관점에서 자신의 위치를 파악한다.

회사의 목표 달성 위해 개인 및 단위조직이
해야 할 가장 핵심이 되는 과제나 일을 말한다.

KFS의 목표 수준을 설정한다.

목표 수준에 도달하는 데 장애(문제)가 되는
장애요인(문제점)을 모두 파악한다.

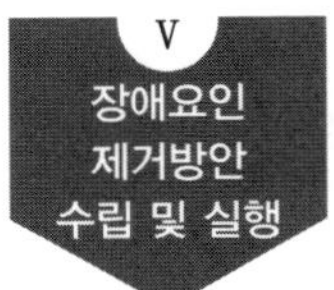

장애요인(문제점) 제거 활동이야말로
경영 성과로 직결되는 실천의 단계일 뿐 아니라
두뇌활용이 가장 많이 요구되는 단계이다.

일 처리 5단계 프로세스

문제를 해결하는 방법이 다르다

- "회사에서의 일이란 무엇입니까?"라고 묻는다면, 당신은 어떻게 답하겠는가?

- 문제와 문제점에 대해 자신만의 정의를 내려보자.

- 빈틈없고 야무지게 일을 처리하기 위해 공통적으로 적용 가능한 자신만의 문제 해결 프로세스를 가지고 있는가?

숙련가가 아닌 전문가가 되라

어떤 특별한 분야에서 세계적인 수준으로 자리매김하기 원하는
사람이 있다면, 그 분야에서 지속적이고 정교한 훈련을 최소한 10
년 정도 해야만 한다.

● 앤드류 카슨

같은 회사에 입사하여 똑같이 하루 8시간씩 일을 해도 10년 후
동기들의 평가는 완전히 달라진다. 별 볼 일 없어 보였던 동기가
갑자기 높은 성과를 내서 승진을 하기도 하고, 완벽해 보였던 동기
가 번번이 승진에서 누락되기도 한다. 같은 일을 하고 비슷한 성과
를 낸 것 같은데도, 어떤 동기는 핵심 인재로 선발되는데 반해 어
떤 동기는 한직으로만 떠돌다 리더의 골칫덩이가 된다.

왜 그럴까? 아마도 그 답은 그가 숙련가로 성장했는지 전문가로
성장했는지에서 찾을 수 있을 것이다. 어떤 분야에서 해온 일이 단

순하고 익숙한 일이라면 그는 숙련가다. 단순한 일을 반복적으로 하다 보면 "가만히 있으면 중간은 간다."는 속담이 모토가 된다. 지금도 괜찮은데 굳이 개선하자고 해서 잘못되기라도 하면 자신에게 돌아올 책임이나 추궁이 꺼려지기 때문이다. 다시 말하면, 행동하지 않을 경우 돌아오는 손해보다 행동했을 때의 손해를 더 민감하게 생각하는 '부작위 편향不作爲偏向, omission bias'이 작용하는 것이다.

예를 들어, 기술 개발을 통해 회사에 기여할 수 있음에도 불구하고 제품이 가져올 수 있는 특허에 대한 소송(개인적 피해)이 두려워 포기한다고 치자. 이는 회사의 성장과 관련해서 생각하자면 큰 손실이 아닐 수 없다. 즉, 책임은 행동을 했을 때 발생하는 것이기 때문에 책임을 피하고자 하는 심리가 부작위 편향을 부추긴다고 할 수 있다.

경기 심판들은 "최고의 심판은 경기가 끝났을 때 누가 심판이었는지 기억나지 않는 심판"이라고 말한다. 중계 기술이 발달하고 중요한 경기일수록 심판은 압박을 받아 경기에 개입하지 않음을 최선으로 삼는다. 미국의 시민운동가 솔 앨린스키Saul D. Alinsky는 『급진주의자를 위한 규칙』에서 NBA 농구 경기의 통계 분석 결과를 소개했다.

그에 의하면, 접전인 경기의 결정적 순간에는 심판이 평소의 절반 이하로 휘슬을 분다고 한다. 이는 괜히 파울 선언을 해서 경기에 개입하고 싶지 않다는 무의식적 의지가 반영된 것이라고 할 수 있다. 즉 '경기가 끝났을 때 누가 심판이었는지 기억나지 않는 심판’이 되고 싶어 하기 때문에 가급적 파울을 선언하지 않는다는 것이다. 결국 숙련가들은 부작위 편향을 줄이기 위해서라도 단순하고 익숙한 일에서 벗어나야 한다.

어떤 분야에서 난이도가 높고 부가가치가 많은 일을 해왔다면 그는 전문가다. 회사는 급격하게 변화하는 환경에서 지속적으로 새로운 가치를 창출하며 성장해야 한다. 전문가야말로 새로운 성장 동력을 찾을 수 있는 창의력과 도전정신을 갖춘 인재이다. 따라서 회사에서 중요하게 따지는 것은 업무의 숙련도가 아니라 전문성이다.

전문성은 누구나 가지고 있는 것도 아니고, 대체하기도 쉽지 않다. 비록 입사 동기라고 할지라도 10년 후에는 전문성의 유무에 따라 각 개인에 대한 평가가 완전히 달라진다. 결국 ‘함께 일하고 싶은 사람’은 자신의 분야에서만큼은 전문가여야 한다는 말이다.

모든 전문성의 출발은 전적으로 양이 아니라 ‘일의 질’에 있다. 얼마나 빨리 하고, 얼마나 많이 하는가가 중점인 숙련도는 일의 양에서 생기기만, 새로운 가치를 만드는 창의력은 일의 질에서 생기기 때문이다.

그렇다면 전문가가 되려면 어떻게 해야 하는가? 흔히 전문가라면 ‘한 우물만 판 사람’이라는 이미지를 떠올린다. 하지만 ‘한 우물’도 우물 나름이고 ‘파는 방법’도 다양하다. 즉 ‘어떤 우물’인가, ‘어떻게 팔 것인가’가 중요해진다.

1. 자신만의 우물을 찾아라

아무도 찾아오지 않는 우물, 수맥이 없는 우물이라면 평생을 두고 판들 소용이 없다. 어떻게 수맥을 발견할 수 있을까에 대한 해답은 결국 자기 속에 있다. 바로 자신의 강점强點이다. 벤저민 프랭클린은 "인생의 비극은 우리가 천재적인 재능을 타고나지 못한 데 있는 것이 아니라, 가지고 있는 강점을 충분히 활용하지 못한 데서 오는 것"이라고 했다. 자기 자신을 자세히 들여다보면 누구나 한 가지 이상의 강점을 가지고 있다. 신은 공평하기 때문이다.

하지만 자신의 강점에 익숙한 나머지, 본인만 그것이 강점인지 모르는 경우가 많다. 따라서 자신의 강점을 발견하기 위해서는, 나를 잘 알고 있는 선배나 상사, 또는 동료들에게 내가 무엇을 좋아하고 잘하는지 피드백을 받아보는 것이 좋다. 정작 본인만 자신의 강점을 '뭐 그런 걸 갖고~' 하는 식으로 별것 아닌 걸로 치부해버릴 수 있기 때문이다.

만약 다른 사람의 약점과 강점을 파악하는 데 뛰어나고, 다른 사람의 성장을 돕는 것이 즐겁다면 교육 분야에 강점이 있는 것이다. 미래의 불확실성 속에서 가능성을 읽어낼 수 있다면 전략기획 분야에 강점이 있는 것이고, 매사 긍정적이고 늘 다른 사람들을 즐겁게 해준다면 고객관리 분야에 강점이 있는 것이다.

이렇게 자신의 강점을 발견한 사람은 전문성에 근접한 사람이다. 더 나아가 자신의 강점을 강화하고 활용하는 사람은 이미 전문가라고 할 수 있다. 자신이 가장 잘할 수 있는 것을 하는 사람, 매일 아침 일어나 그것을 할 수 있는 사람, 그 사람이 바로 전문가이고, '함께 일하고 싶은 사람'인 것이다.

2. 자신만의 우물 파는 법을 만들어라

① 일관성을 갖춰라

스톡홀름 대학교의 엔더슨 에릭슨 심리학 박사는 인간의 습관과 관련하여 '10년 법칙the-10-year rule'이 있다고 주장하였다. 한 분야에서 최고 수준의 성과와 성취에 도달하려면 최소 10년 정도는 집중적인 사전 준비를 해야 한다는 것이다. 즉 어느 분야에서 전문성을 갖추려면 최소한 10년 정도의 일관성을 지켜야 한다는 뜻이다. 따라서 일관성은 경력관리를 보여주는 지표일 뿐 아니라, 직장생활을 통해 얻은 지식과 경험이 전문성으로 이어지고 있는지를 가늠할 수 있는 척도이다.

물론 아무런 노력 없이 그저 10년 동안 한 분야에만 근무했다고 해서 전문성이 생기는 것은 아니다. 심리학자 안데르스 에릭손 박사는 1993년에 발표한「전문가적 실력 습득에서 연습이 하는 역할(The Role of Deliberate Practice in the Acquisition of Expert Performance)」이라는 논문에서 '1만 시간 법칙' 개념을 처음 만들어냈다. 많은 세계적 연주자들이 약 10년에 걸쳐 전문가로서의 위치에 도달하게 되는데, 계산을 해보면 1년에 365일, 평균적으로 하루에 3

시간씩 연습함으로써 여느 연주자들과는 다른 월등한 실력을 갖추게 되었음이 입증되었다.

직장인들이 1년에 평균 250일(일주일에 5일씩 총 50주)을 근무한다고 치면, 자신의 분야에서 전문가가 되기 위해서는 하루에 약 4시간씩을 매일 따로 확보해서 별도의 노력을 기울어야 한다는 뜻이다. 결국 전문가적 실력은 타고난 재능이라기보다는 후천적인 개발에 의해 양성되는 것이기 때문이다.

② 다양한 직무를 경험하라

하나의 분야에도 여러 직무가 있다. 예를 들면 HR에도 HR전략, HR운영, HR지원 등 다양한 직무가 있다. 한 분야의 전문가가 되기 위해서는 이런 여러 직무들을 모두 경험해보는 것이 좋다. 그러나 다양한 직무를 경험하는 것이 좋다고 해서 한 직무의 수행 능력이 충분히 길러지기 전에 다른 직무로 바꾸어서는 안 된다. 기본적으로 직무 이동이 잦은 사람은 전문가는커녕 숙련가로도 인정받지 못하는 경우가 많다. 한 직무를 최소 3년 이상은 근무해야 습득해야 할 지식이나 경험, 네트워크를 충분히 갖출 수 있기 때문이다.

③ 자신만의 브랜드로 연결시켜라

자신의 분야에서 일관성 있게 경력을 쌓아온 사람들은 업무수행을 위한 프로세스와 노하우 등의 전문성을 가지고 있다. 다른 사람들이 해당 분야를 생각할 때 떠오르는 전문성을 자신만의 브랜드로 연결시켜야 한다. 대표적으로는 자기계발 전문가로 잘 알려진 구본형 씨가 스스로를 '변화경영 전문가'로 포지셔닝한 사례를 들 수 있다. 국제기업전략연구소 윤은기 소장이 자신을 '창업 전문가'로 자리매김한 사례 역시 전문성을 브랜드로 잘 연결시킨 경우다.

비록 10년 후 혹은 20년 후의 일이지만, 당신이 어떤 전문가가 될 것인지에 대한 구체적인 고민은 지금 바로 시작해야 한다. 미리부터 자신만의 브랜드를 만들어놓아야만 일관성 있는 큰 지침 속에서 다양한 직무 경험들을 단계별로 실천해 나갈 수 있기 때문이다.

숙련가는 어떤 일을 가장 잘하는 사람이다.

항상 경쟁(배척)해야 하고, 다른 사람보다 잘해야 하고, 언제든지 대체 가능한 사람이다.

전문가는 자신만의 영역(only one)이 있고, 대체 불가능하며, win-win하는 사람이다. 자신만의 영역을 가지고 있으므로 다른 사람과 경쟁할 필요가 없으며, 다른 전문가와 도움을 주고받을 수 있는 win-win 관계를 가지는 사람이다.

전문가는 숙련공이 아니다. 자신과의 싸움을 통해 혁신을 생활화하고 항상 새로운 생각을 해야 한다.

숙련가의 시대는 갔다. 이제 전문가의 시대이다.

일신우일신(日新又日新)하는 전문가가 아니면 현대를 살아갈 수 없다.

주어진 일만 잘하는 사람이 인정받는 시대는 갔다.

스스로 일을 찾아서 하는 사람이 인정받는 시대를 살아가고 있다.

열심히 일하면 잘 사는 시대는 갔다.

제대로 일하는 사람의 시대이다.

숙련가는 회사에서 해고에 대한 위협이 있으나, 전문가는 그렇지 않다.

작년도 이력서와 금년도 이력서가 같다면 당신은 잠재적 실업상태이다.

이제는 전문가가 되자.

● 강연 자료에서

일하는 목적이 다르다

- 주위 사람들 중에서 숙련가와 전문가라고 생각되는 사람을 찾아보자. 그들의 차이점은 무엇인가?

- 자신만의 강점은 무엇인가? 어떤 우물을 팔 것인가?

- 어떻게 10년 동안 일관성 있게 우물을 팔 것인가?

1% 차이로 리드하라

천재는 1%의 영감과 99%의 노력으로 이루어진다.

● 토머스 에디슨

같은 직장생활을 하면서도 아마추어처럼 일하는 사람과 프로처럼 일하는 사람이 있다. 여러 가지 검증 절차를 통해 함께 채용된 사람들이 어찌하여 이런 차이를 보이는 것일까?

흔히 아마추어와 프로라고 하면 엄청난 차이가 있는 듯 생각하기 쉽지만, 사실 그 차이는 아주 미묘하다. 아주 작은 1% 차이가 아마추어와 프로를 판가름 내는 것이다. 마치 물이 100℃에서 1℃만 부족해도 수증기가 될 수 없듯이, 음악 마니아들이 오디오 기기의 1% 성능 차이 때문에 수천만 원을 투자하듯이 말이다.

사실 인간과 침팬지의 차이도 바로 이 1%이다. 인간과 침팬지는 유전체(게놈) 염기서열이 1%밖에 차이 나지 않으나, 유전자 구조와 기능의 차이, 특정 전이성 인자로 인해 다른 개체로 진화되며 큰 차이를 보이게 되었다. 침팬지는 아무리 고도의 교육과 훈련을 시켜도 결국 인간의 8세 나이 지능을 뛰어넘지 못한다.

그렇다면 '함께 일하고 싶은 사람'이 가지고 있는 1% 차이는 과연 무엇일까?

1. 일을 대하는 생각의 차이 1%

'함께 일하고 싶은 사람'은 일을 대하는 생각이 다르다. 작은 듯 보이지만 결국에는 커다란 차이로 그 모습을 드러내는 것이 생각, 바로 프로의식이다. 프로의식이란 '자기 일에 대한 자부심'을 말한다. 대부분의 사람들이 받는 보수만큼 일하면 된다고 생각하는 반면, '함께 일하고 싶은 사람'은 자신의 일이 조직과 사회에 도움이 되어야 한다는 프로의식으로 일을 한다.

무슨 일이든 생각 없이 헤매는 것은 시간과 에너지를 낭비하는 일이다. '함께 일하고 싶은 사람'이 되고 싶다면, 우선 일의 내비게이션인 '생각'부터 조정해야 한다. '함께 일하고 싶은 사람'은 남들이 선호하는 일이든 꺼려하는 일이든 핑계를 대지 않고, 오직 프로의식을 가지고 자신의 혼을 담는다.

『시 읽는 CEO』의 저자인 고두현 기자는, 직장생활에서 자신의 모습을 뒤돌아보며 '그렇기 때문에'와 '그럼에도 불구하고'라는 단어를 적용시켜보면 자신이 프로인지 아마추어인지를 알 수 있다고 했다. 즉 대부분의 사람들이 '그렇기 때문에'를 주로 사용하는 상황에서도 '함께 일하고 싶은 사람'은 '그럼에도 불구하고'를 자주 쓴다는 것이다.

- 어제 회식자리에서 술을 많이 마셔서

  그렇기 때문에 VS. 그럼에도 불구하고

- 몸이 별로 안 좋아서

  그렇기 때문에 VS. 그럼에도 불구하고

- 퇴근시간이 다가와서

  그렇기 때문에 VS. 그럼에도 불구하고

- 저 사람이 나와 성격이 안 맞아서

  그렇기 때문에 VS. 그럼에도 불구하고

- 이 일은 내 담당이 아니라서

  그렇기 때문에 VS. 그럼에도 불구하고

- 시간이 없어서

  그렇기 때문에 VS. 그럼에도 불구하고

- 그 정도 해도 별 문제가 없어서

  그렇기 때문에 VS. 그럼에도 불구하고

- 그렇게 하면 손해 볼 텐데

  그렇기 때문에 VS. 그럼에도 불구하고

- 나는 직위가 높은 사람인데

  그렇기 때문에 VS. 그럼에도 불구하고

2. 기본을 지키는 자세의 차이 1%

우리나라 속담 중에 "세 살 버릇 여든까지 간다."라는 말이 있다. 어렸을 때부터 나쁜 버릇이 들지 않도록 잘 가르쳐야 한다는 것을 교훈적으로 이르는 말이다. 구단 창단 이후 첫 포스트시즌에 진출한 염경엽 넥센 히어로즈 감독은 프로와 아마추어의 차이를 초등학생에 비유했다.

"무조건 쳐야 한다는 생각은 초등학생도 한다. 둥글게 생각하지 말고, 무슨 공을 쳐야 할지 생각을 쪼개야 한다. '배트를 잘 대고, 치고 달릴 거야'가 아니다. 어떻게 타격법을 배웠는지 생각하고 실행해야 실패를 줄일 수 있다. 잘하려고만 생각하니까 기본을 지키지 못한다. 기본을 지키는 것이 프로와 아마추어의 차이다."

직장생활의 기본도 마찬가지다. 10년, 20년 직장생활을 해왔으면서도 직장생활의 기본을 소홀히 여기는 사람들이 의외로 많다. 그것은 신입사원 때 직장생활의 기본을 소홀히 했기 때문에 아무리 시간이 흘러도 고쳐지지 않는 것이다.

'함께 일하고 싶은 사람'은 직장생활에서의 기본인 시간 지키기, 약속 지키기, 매너 지키기에 철저하다. 기본 중의 기본인 시간 지키기는 회의시간, 출퇴근 시간이 대표적이다.

'회의 시간에 5분 정도 늦는 게 뭐 어때? 어차피 본회의는 시작도 안 했을 텐데'라며 대수롭지 않게 생각하는 사람들이 많은데, 실제로 늦은 시간은 5분이 아니라 회의에 참석한 모든 사람의 수를 곱한 시간이라고 생각해야 한다. 더 중요한 것은, 본회의를 시작하기 위해 소요되는 그 몇 분이 회의 진행의 효율성에 미치는 영향은 결코 작지 않다는 점이다.

만약 부득이하게 늦을 만한 상황이 발생한다면, 사전에 연락하여 도착 예상시간을 알려주고 양해를 구해야 한다. 헐레벌떡 뒤늦게 도착한 직원을 보면서 '정말 열심히 일하는군.'이라고 생각하는 상사는 거의 없다. 대부분은 '시간 관리도 제대로 못하는데 무슨 일을 잘하겠어!'라고 일축해버리기 마련이다.

출퇴근 시간 지키기도 마찬가지다. 일찍 출근하는 직원들은 일하는 마음가짐을 간접적으로 전달하는 것이다. 리더는 지각하는 행위만 보는 것이 아니다. 그 행위가 주위 동료들에게, 나아가 팀의 이미지에 어떤 영향을 미치는지까지 모두 고려한다.

누구나 한 번쯤 "기본을 지켜라!"라는 말을 들어보았을 것이다. 어떤 일을 하든지 기본을 다지고 기본에 충실해야 성과를 거둘 수 있기 때문이다. 베스트셀러 작가가 되기 위해서는 모두가 공감할 수 있는 좋은 글을 쓰는 것도 중요하지만, 그에 앞서 꼭 갖춰야 할 것은 한글에 대한 기본이다. 일류 요리사가 처음 시작한 일 또한 대부분은 설거지와 재료 손질이다. 끝없이 반복해야 하는 일이 힘들지만, 힘든 일에 지쳐 그러한 시간을 포기한다면 진정한 일류 요리사는 될 수 없다. 탄탄한 기본기를 갖추어야만 칼질 하나에도 비범함을 보이는 일류 요리사로 인정받을 수 있는 것이다.

혹 당신은 '기본을 지키는 게 뭐 그렇게 대단하고 어려운 일이라고 호들갑인가?'라고 생각할 수도 있다. 하지만 한결같은 자세로 기본을 지켜내는 일은 생각만큼 쉽지 않다. 어떤 일에 익숙해지면 일을 처리하는 데 따른 요령이나 노하우가 자연스럽게 생기게되는데, 이런 노하우가 몸에 배면 자신도 모르는 사이 기본을 간과하게 된다. 그러나 '함께 일하고 싶은 사람'은 늘 자신의 태도를 되돌아보며 한결같은 자세로 기본을 지킨다.

매너 지키기 또한 중요한 부분이다. 가정에 가장이 있고 부모님이 계시듯, 회사에는 상사가 있고 경영진이 있다. 직접 대화를 하든지 혹은 메일이나 온라인 커뮤니케이션으로 소통을 하든지, 상사는 그 직원이 어떤 가정교육을 받고 자랐는지 본능적으로 판단한다. 아무리 참지 못할 상황이라고 해도, 가족처럼 아무리 가까운사이라 해도 넘지 말아야 할 선이 무엇인지 아는 것이 정말 중요하다. 일단 선을 넘게 되면 서로에게 준 행동이나 말의 상처는 돌이킬 수 없는 흉터로 남기 때문이다. '함께 일하고 싶은 사람'은 위로는 상사의 심기를 건드리지 않고, 아래로는 부하들의 마음을 상하지 않도록 늘 웃으며 노력한다.

3. 역경에 대처하는 태도의 차이 1%

'함께 일하고 싶은 사람'은 역경이 닥쳤을 때 그 진가를 발휘한다. 모두가 당황하고 남 탓만 하고 있는 때, 그들은 준비되어 있는여유 있는 태도로 역경을 극복해낸다. 누구에게나 역경은 있다. 단지 '함께 일하고 싶은 사람'이 그 역경을 통해 무엇을 얻을 수 있는지에 집중하고 다음을 준비하는 반면, 보통 사람들은 역경을 만들게 된 지나간 상황을 후회하며 다음을 두려워한다는 차이가 있을 뿐이다.

행복이 주관적이듯 역경 또한 주관적이다. 그러므로 어떤 태도로 대처하는가에 따라 남들이 보기엔 커다란 역경도 쉽게 극복할 수도 있고, 남들 보기엔 별것 아닌 역경에 좌절할 수도 있는 것이다. 역경에 대처하는 바로 이 1%의 차이가 '함께 일하고 싶은 사람'을 만든다.

역경의 고통에서 벗어나는 봉투 사용법

싱가포르 국립대학의 비즈니스 스쿨 연구원 리시우핑은 80명의 사람들을 대상으로 가장 최근에 겪은 가슴 아픈 이별 이야기를 적어보도록 했다. 그런 다음 한 그룹에게는 그 글을 제출하도록 했고, 다른 한 그룹에게는 봉투에 넣어 봉하도록 했다. 그 결과, 제출한 그룹에 비해 봉투에 봉인한 그룹이 아픈 기억을 좀 더 긍정적인 시선으로 바라보게 되었다는 사실을 알게 되었다. 이에 대하여 리시우핑 연구원은 "봉인을 하는 행동이 심리적 차원에서 과거의 문제에 마침표를 찍고 새출발을 시작한다는 사실을 스스로에게 선언하는 역할을 했기 때문"이라고 설명했다.

만약 지금 당신이 지난 역경의 고통을 떨쳐버리지 못하고 있다면, 종이에 그 이야기를 짤막하게 쓰고 봉투에 넣어 봉인해보자. 그러면 한결 가벼워진 마음으로 역경의 고통을 떠나보낼 수 있을 것이다. 더 편안해지고 싶다면 봉투를 태워버리는 방법도 좋다.

역경이 닥쳤을 때 헤쳐 나가는 10가지 방법

1. 역경이란 내가 이길 수 있는 만큼만 찾아옴을 명심한다.

2. 나를 강하게 만드는 훈련의 기간으로 받아들여 '피하지 못할 것이라면 즐겨라'라는 말을 실천한다.

3. 나보다 경험이 많은 선배나 동료 등 지인들의 조언과 도움을 받는다.

4. '사필귀정'과 '고진감래'라는 단어를 기억한다.

5. '난 반드시 해낼 수 있다'라는 믿음을 가진다.

6. 마음가짐을 새롭게 하고, 동료들과 협동하여 헤쳐 나간다.

7. 미래의 나를 생각하며, 잘될 거라고 최면을 건다.

8. 한 걸음 뒤로 물러나 전체적인 상황을 파악한 후, 문제를 하나씩 분류하여 일의 순서를 정해 처리한다. 그러면 실수가 최소화되고, 문제 해결의 길이 보인다.

9. 주변의 성공 사례 등 귀감이 되는 역경담을 거울삼아 힘을 얻는다.

10. 결과를 초래하게 된 원인을 세부적으로 분석하여, 재발 방지를 위한 대책을 마련한다.

리드하는 방법이 다르다

- 직장에서 아마추어처럼 일하는 사람과 프로처럼 일하는 사람의 차이는 무엇인가? 그 차이를 보여주는 실제 사례를 찾아보자.

- 역경이 닥쳤을 때 헤쳐 나가는 자신만의 방법은 무엇인가?

- 자기 일에 프로의식을 가지려면 지금의 태도와 행동이 어떻게 변해야 하는가?

남과 다른 관점을 가져라

갈까 말까 할 때는 가라!

살까 말까 할 때는 사지 마라!

말할까 말까 할 때는 말하지 마라!

줄까 말까 할 때는 줘라!

먹을까 말까 할 때는 먹지 마라!

● 서울대학교 행정대학원장 최종훈 교수의 인생 교훈

예전에 보았던 "모두가 '예'라고 할 때 '아니오', 모두가 '아니오'라 할 때 '예'라 할 수 있는…"이란 TV 광고 멘트가 생각난다. 현실에서는 어떨까? 멋있어 보이긴 하지만, 직장생활에서 이러한 관점으로 행동한다면 당장 사표를 내겠다는 각오가 아닌 이상 무모한 행동이라고밖에 표현할 수 없다.

예를 들어보자. 어떤 임원 밑에 A, B, C팀이 있는데, 어느 날 한 사안에 대하여 A팀장과 B팀장이 심각하게 대립하게 되면 임원은 그 사안과 별로 연관이 없는 C팀장을 불러서 A와 B의 의견 중 어느 쪽이 맞느냐고 물어본다. 여러분이라면 어떻게 대답을 하겠는가? 어느 한쪽이 맞다고 하는 순간, 다른 쪽 팀장과의 관계에 거리가 생기게 된다.

이 상황을 잠시 임원의 관점으로 전환해보면, 자신의 생각을 C팀장이 대신 이야기해주기를 원할 것이다. 어느 쪽이 맞느냐보다 그 임원이 왜 C팀장을 불렀는지에 대한 관점에 답이 있음을 알아야 한다. 물론 A와 B 두 팀장에게 나중에 그렇게 이야기한 이유를 설명해주는 것은 직장생활의 기본이다.

직장생활은 보이는 것만이 아니라 그 이면에 깔려 있는, 미처 알아채지 못한 관점들이 많다. '함께 일하고 싶은 사람'에게는 보이지 않는 것들을 보고, 들리지 않는 것들을 듣고, 느껴지지 않는 것들까지 느낄 수 있는 비결이 있다. 바로 남다른 '자신만의 관점'을 가지는 것이다.

같은 일을 겪어도 문제조차 파악하지 못하는 사람에 비해 '함께 일하고 싶은 사람'은 그 해결 방법을 찾아낸다. 수많은 의미가 담긴 장표를 보고 아무것도 읽어내지 못하는 사람도 있지만, '함께 일하고 싶은 사람'은 하나의 보고서 장표에서 순식간에 많은 의미를 읽어낸다. 그 차이는 대체 어디에서 시작될까? 바로 '관점'이다.

예를 들어 구두를 만드는 기업에서 시장조사를 위해 아프리카의 한 나라에 직원 2명을 파견했다. 그 둘은 각각 현지인의 생활

모습을 조사해서 보고서를 작성했다. 한 명은 "여기 국민은 99%가 맨발로 생활하고 있으니 사업의 성공확률은 1%입니다."라고 보고했고, 다른 한 명은 "여기 국민은 1%가 신발을 신고 생활하고 있으니 사업의 성공확률은 99%입니다."라고 보고했다. 그 나라의 대부분 국민이 맨발로 생활한다는 부분은 '팩트'다. 그런데 이 팩트에 대해 두 직원은 전혀 다른 관점으로 의미를 부여한 것이다.

여기서 중요한 것은, 사건과 사실 그 자체가 아니라, 그것을 어떤 관점으로 보느냐에 따라 의미가 달라진다는 점이다. 단지 모든 일을 긍정적으로 바라보라거나 낙관적으로 생각하라는 말과는 다르다. 관점이란 사건과 정보에 대해 발전적인 의미를 찾아내는 것이라고 할 수 있다.

오랫동안 보아왔다는 이유로 의심 없이 '당연함'이 되고, 이 '당연함'은 시간이 지나면 결국 '고정관념'을 낳는다. 고정관념에 사로잡혀 세상을 본다는 것은, 색안경을 쓰거나 우물 안에서 세상을 바라보는 관점과 같다. 고정관념에서 탈피하고 싶다면 당연함을 늘 의심해야 한다. 지금 당연하다고 해서 언제까지고 당연하지만은 않다는 뜻이다.

세상에 변하지 않는 것은 없다. 오직 하나, 변하지 않는 것이 없다는 것만이 변하지 않는 진리다. 언제까지나 변하지 않는 것, 언제까지나 당연한 것이 없듯 관점 또한 늘 변화해야 한다. 비록 지금은 당연하게 여겨지는 일이라 할지라도 언젠가는 변한다는 사실을 기억해야 한다. 현재의 '당연함'을 그저 아무 생각 없이 '당연함'으로만 받아들이는 사람은 고정관념에 사로잡혀 세상의 변화에 뒤처질 수밖에 없다.

미국의 경영컨설턴트인 제리 하비 박사는 자신의 저서『애벌린 패러독스Abilene Paradox』에서 당연함과 고정관념이 낳은 조직의 불합리, 즉 '합의의 모순'에 대해 이야기하고 있다.

어느 무더운 여름 주말 저녁, 미국 텍사스의 한 가정에서 사위의 방문에 장인은 외식을 제안한다. 모두들 시원한 집에서 쉬고 싶었지만, 다른 식구들이 외식을 원할 것이라는 생각에 마지못해 찬성한다. 결국 가족들은 무더위에 에어컨도 없는 낡은 차를 타고 흙먼지를 뒤집어쓰며 집에서 3시간 떨어진 애벌린이라는 곳에 가서 저녁식사를 하고 돌아온다.

그날 저녁, 아무도 입을 열지 않는 침묵을 깨기 위해 "오늘 저녁 괜찮았죠?"라고 사위가 운을 떼자, 장모가 먼저 "난 사실 가고 싶지 않았지만 가족을 위해 찬성했을 뿐이야."라고 말한다. 그러자 모두 마음속에 있었던 외식 결정에 대한 불평불만을 쏟아놓기 시작한다. 모두가 찬성하였으므로 최상의 선택으로 여겨졌던 결정이 사실은 어느 누구도 원하지 않았던 최악의 선택이었던 것이다.

조직에서 이와 유사한 예는 얼마든지 발생할 수 있다. 반대자가 없는 만장일치의 결정이 반드시 좋은 성과를 가져오는 것은 아니다. 쉽게 내려지는 결정은 권위에 의한 굴복이거나 합의의 모순을 드러내는 잘못된 결정일 가능성이 높기 때문이다. 구성원들이 당연함에 지나치게 얽매이게 되면, 서로의 관점을 솔직하게 얘기하지 못하고 의견의 충돌을 회피하는 데 더 큰 관심을 가지게 된다.

이러한 고정관념이 형성되면 '나만 참으면 되지'라는 소극적인 태도가 만연해진다. 구성원 간 형식적인 관계는 좋아지고 의사 결정 또한 신속하게 이루어질 수 있지만, 좋은 성과를 내기는 점점 어려워진다. 다양한 사람이 모인 직장에서 여러 가지 관점이 있는 것은 자연스러운 현상이다. 좋은 성과를 내는 팀에서는 관점의 충돌과 해소가 끊이지 않고 이어진다. 다양한 관점이 교환되고 다듬어질 때 더 나은 선택이 나오는 법이기 때문이다.

그렇다면 '함께 일하고 싶은 사람'은 어떤 관점을 가지고 있을까?

1. A or B의 질문에 C가 답일 수도 있다는 관점

C가 답인 몇 가지 예를 들어보자.

1천만 명 이상의 관객을 동원한 봉준호 감독의 영화 〈설국열차〉에서 꼬리 칸이냐 앞 칸이냐의 싸움에서 주인공은 열차 밖으로 나가는 C를 택한다. 제한된 자원을 가지고 다투고 있는 꼬리 칸과 앞 칸, 광대한 바깥세상, 어느 것이 답일까?

'비누공장의 선풍기' 이야기도 관점의 전환의 중요성을 일깨우는 좋은 예다. 미국의 한 비누공장에서 포장기계의 오작동으로 가끔씩 비누 없이 빈 케이스만 생산되는 일이 발생하였다. 경영진은 외부 컨설팅을 받아 X레이 투시기를 포장 공정에 추가하기로 결정했다. 비용은 컨설팅 경비 10만 달러와 기계값 50만 달러를 합하여 총 60만 달러였다. 그런데 이상한 일이 일어났다. X레이 투시기를 주문하고 기다리는 몇 달 동안 불량률이 제로가 된 것이다. 알아보니 라인 작업 신입직원이 집에서 선풍기를 가져와 라인 옆에서 빈 케이스를 날려 보내고 있었던 것. 비용은 고작 50달러였다.

또 하나, 이런 상황은 어떤가? 왕이 내관과 궁정 뜰을 산책하고 있었다. 문득 "달이 밝구나!"라는 왕의 말에 여러분이라면 뭐라고 답을 하겠는가? "오늘이 보름이라 달이 밝나 봅니다."라는 과학적(?) 분석이 답일 수도 있겠지만, 주변의 궁녀들을 훑어보는 촉이 있는 사람도 있다는 것이다.

2. 올바른 질문만이 제대로 된 답을 얻을 수 있다는 관점

대부분의 사람들은 '답'을 하는데 집중하느라 '질문'의 중요성을 잘 모른다. 질문에 대해 오직 올바른 답인지를 살피고, 자신만의 관점으로 그 답을 재단하고 평가하려 든다. 그러나 질문이 다르다고 생각하는 경우, 그 다름을 인정하면 이야기는 완전히 달라진다. '다른 관점 하나가 더 생긴 것'이기 때문이다.

박찬욱 감독의 영화 〈올드보이〉는 존재를 알 수 없는 누군가에 의해 15년간 갇혀 있던 주인공(최민식)이 자신을 감금한 사람과 이유를 찾아내는 과정을 그렸다. 영화에서 최민식이 자주 했던 말을 기억하는가? "누가 나를 가뒀을까?, "왜 가두었을까?" 그러나 이 질문은 주인공이 처한 상황을 해결해주지 못했다. 영화 속 대사에서 우리는 이 '올바른 질문'에 대한 하나의 단서를 얻게 된다. 바로 유지태가 "틀린 질문을 하니까 맞는 대답이 나올 리가 없잖아."라고 말하는 대목에서다.

그는 '대답'이 아니라 '질문'이 틀렸다고 말한다. "왜 15년 동안 감금해두었을까?"가 아니라, "왜 15년 만에 풀어주었을까?"가 맞는 질문이라는 거다. 질문에 대한 의문을 품게 되면서 관점이 반전되는 신선한 충격을 준다. "왜 15년 동안 가두었을까?"라는 질문은 '닫힌 질문'이다. 닫힌 질문은 '닫힌 생각', '갇힌 관점'을 갖게 한다. 그러나 "왜 15년 만에 풀어주었을까?"라는 질문은 '열린 질문'이다. 열린 질문에 대한 대답을 생각하다 보면 '열린 관점'을 가지게 된다.

명심해야 할 것은, 열린 관점은 올바른 질문에서 시작된다는 점이다. 질문도 틀릴 수 있다. 질문을 의심하는 순간, 전혀 새로운 관점을 갖게 된다. 이제 '이것은 올바른 질문인가?'라는 생각부터 해보자.

3. 나무가 아니라 숲을 봐야 한다는 관점

2012년 9월, KBS의 〈시사기획 창〉에서 '빅데이터, 비즈니스를 바꾸다'라는 프로그램을 방영했는데, 여기에 심리학자인 크리스토퍼 치브리스와 대니얼 사이먼스가 실시한 '보이지 않는 고릴라'

라는 유명한 심리학 실험이 소개되었다. 연구팀은 검은색 옷을 입은 사람과 흰색 옷을 입은 사람들이 농구하는 동영상을 보여주면서, 실험 참가자에게 흰색 옷을 입은 팀이 공을 패스한 횟수를 세라고 한다. 대부분의 실험 참가자들은 몇 번이나 패스가 되었는지를 정확히 맞춘다.

그러나 이 실험에는 함정이 숨어 있었다. 공을 주고받는 동안 그 사람들 사이로 커다란 고릴라가 오른쪽에서 나와 중간에서 가슴을 친 다음 왼쪽으로 사라진다. 이 과정에서 검은색 옷을 입은 한 사람이 빠져 나가고, 실험 장소 뒷부분에 있는 커튼의 색깔도 바뀐다. 하지만 신기하게도, 이 과정을 봤다고 대답한 사람은 50%에 지나지 않았다. 절반 이상의 사람들은 공이 패스되는 횟수를 세는데 집중해서 고릴라를 보지 못한 것이다. 더 놀라운 건 정확한 패스 횟수, 고릴라, 커튼, 검은색 옷을 입은 사람이 사라진 것 등 네 가지 사실을 모두 알아챈 사람은 단 한 명도 없었다는 사실이다.

그렇다면 이 실험에서 주고받은 '공'이 의미하는 것은 무엇일까? 다른 것을 보지 못하게 만드는 이 '공'은 바로 자신의 지식이나 경험일 것이다. 자신의 지식이나 경험만이 옳다고 주장한다면, 주변의 다양한 의견을 듣지 못하고 지나치게 될 가능성이 높다. 그렇게 되면 자신만의 관점을 형성하기는커녕 좁은 관점을 지닌 편협한 독불장군이 될 수밖에 없다. 즉 앞에 버젓이 존재하는 것도 제대로 보지 못할 뿐 아니라, 좁은 관점으로밖에 세상을 바라보지 못한다. 내 생각을 잠시 멈추고 다른 사람의 다양한 지식이나 경험을 경청해보자. 그러면 새로운 관점이 보일 것이다.

4. 보는 것과 아는 것이 전부가 아니라는 관점

대부분의 사람들은 '내가 분명히 본 것' 또는 '내가 확실히 알고 있는 것'을 '진실'이라고 믿는다. 하지만 인간의 뇌는 의외로 허술한 구석이 많다. 인간의 뇌는 자주 착각을 하는데, 사람들은 그 착각을 진실로 받아들이는 경우가 많다. 게다가 한번 받아들인 진실은 다른 진실이 밝혀지더라도 잘 고쳐지지 않는다.

믿어지지는 않겠지만, 사람들은 바로 자신의 눈앞에서 벌어지는 일조차도 자신이 보고 싶은 것만 본다. 몇 년 전 EBS 〈다큐프라임〉에서 '인간의 두 얼굴-착각의 진실'이 방송됐다. 방송에서는 길거리 실험을 통해 사람들이 얼마나 자기중심적으로 사물을 바라보는지를 알려주었다. 그중 하나가 거리에서 행인을 붙들고 길을 물어보는 실험이었다.

길을 묻는 중간에 두 사람 사이로 커다란 간판을 든 사람들이 지나가고, 그 틈을 타 길을 물어보던 연기자를 다른 사람으로 바꾼다. 20대 연기자가 50대 연기자로 확연하게 바뀌기도 하고, 남자가 여자로 바뀌기도 했다. 놀라운 건, 10명 중 8명은 길을 묻는 사람이 바뀐 것을 알아채지 못했다는 사실이다.

왜 알아차리지 못하는 것일까? 당연히 같은 사람일 거라고 생각하기 때문이다. 사람들은 바로 눈앞에서 일어나는 일이라도 어느 한 가지에 집중하면 나머지는 보지 못하는 경우가 많다. 즉 당신이 무언가에 집중하고 있다면, 그것 이외의 다른 것들은 못 볼 수도 있다는 말이다.

결국 우리가 '뭔가를 안다'고 하는 것은 이처럼 허술하다. 사람들은 자신이 보고 싶은 것만 보고, 관심 있는 것만 보며, 듣고 싶은 것만 듣는다. 이런 현상을 '확증 편향comfirmation bias'이라고 부른다. 영국 심리학자 피터 웨이슨Peter Wason이 1960년에 제시한 확증 편향은, 현실세계의 정보와 증거가 복잡하고 불분명하더라도 자기 신념에 맞는 정보를 찾는 건 쉽다는 전제에서 출발한다.

콜럼버스는 사람들에게 테이블 위에 달걀을 세울 수 있느냐고 물었다. 모두들 답을 하지 못하자, 콜럼버스는 달걀 한쪽 밑을 깨어 테이블 위에 세워놓았다. 누구나 할 수 있는 일이라도 처음으로 생각해내는 것은 어렵다. 즉 확증 편향에 사로잡혀 있으면 창의성이 사라질 뿐만 아니라, 모든 일을 과거의 관행대로 유지하도록 암묵적으로 요구하게 된다. 그러면 결국 변화에 둔감해질 수밖에 없다.

미국 펜실베이니아대학교 와튼Warton 경영대학 교수 제임스 엠쇼프James Emshoff와 이언 미트로프Ian Mieroffm의 연구 결과에 의하면, 미국의 많은 대기업의 경영자들이 자신들이 이미 수립한 전략을 지지해주는 자료를 위해 최신 정보 시스템을 사용하고 있는데, 이러한 확증 편향은 대부분이 대실패로 끝났다고 한다.

오죽하면 워런 버핏Warren Buffet은 "사람들이 가장 잘하는 것은 기존의 견해들이 온전하게 유지되도록 새로운 정보를 걸러내는 일”이라고 말했을까. 따라서 미처 보지 못하거나 깨닫지 못하고 스쳐 가는 것도 있다는 사실을 인정하는 것이 남다른 ‘자신만의 관점’을 갖는 출발점이 된다.

태양과 달이 지구 주위를 돌고 있다는 천동설에 의문을 품은 코페르니쿠스가 지동설을 주장하자 사람들은 이렇게 반론을 제기했다. “만약 지구가 돌고 있다면 지구 위에 멈춰 있는 공기 때문에 공중에서는 언제나 강한 바람이 불 것이다. 공중으로 던져 올린 공 역시 지구가 돈 만큼 다른 장소로 떨어지지, 제자리로는 떨어지지 않을 것이다.” 당시 대부분의 사람들이 당연하다고 믿던 것은 진리가 아니었다. 이런 일들은 헤아릴 수 없이 많다. 그렇다면 지금 우리가 당연한 진리로 받아들이는 것들은 미래에도 여전히 진리일까?

이제는 마땅히 당연함을 의심해야 한다. 지금 당연한 것이 미래에도 당연한 것은 결코 아니기 때문이다. 과학과 철학은 당연함을 끊임없이 반복하는 과정이라고 해도 과언이 아니다. 남다른 자신만의 관점은 당연함의 부정으로부터 출발한다. 당연함에 던지는 ‘왜?’가 바로 관점의 정의라고 해도 좋을 것이다.

'함께 일하고 싶은 사람'은
보는 관점이 다르다

• 모두가 '예'라고 했을 때 그게 아니면서도 '아니오'라고 할 수 없었던 일을 한 가지를 떠올리자. 왜 그렇게 행동했는지 그 이유를 찾아보자.

____

____

____

• 그 일을 통해 얻은 점은 무엇이고 잃은 점은 무엇인가? 유사한 상황에서 나는 앞으로 어떻게 할 것인가?

____

____

____

• 남다른 자신만의 관점을 가지기 위해 어떻게 해야 하는가? 그중에 한 가지를 실천해보자. 그것을 실천하면 무엇이 달라질 수 있는지를 찾아보자.

____

____

____

우선순위를 정해서 일하라

"여기에서 어느 방향으로 가야 하는지 알려주시겠어요?"

"그건 네가 어디로 가고 싶어 하느냐에 달렸지."

고양이가 대답했다.

"어디로 가든 상관없어요."

앨리스가 말했다.

"그렇다면 어느 방향으로 가든 상관없잖아?"

● 루이스 캐럴 『이상한 나라의 엘리스』 중에서

앨리스와 쳐셔 고양이의 대화를 보면 목적과 우선순위의 밀접한 관계가 잘 나타나 있다. 목적을 가지고 살면 자신이 어디로 가고 싶은지 알 수 있다. 직장에서는 우선순위에 따라 일을 하게 되면 '어디'에 이르기 위해 '무엇'을 해야 하는지 쉽게 알 수 있다.

우선순위priority라는 말은 14세기 라틴어의 'prior', 즉 '첫 번째'

라는 말에서 유래했다. '가장 중요한 것은 무언가'가 '우선순위'가
되는 것이다. 이 단어는 20세기까지도 단수로만 쓰였으나, 곧 세상
이 그것을 '중요한 무언가something that matters'라는 의미로 쓰기 시
작하면서 복수인 'priorities'가 만들어졌다. 처음의 의미가 사라지
면서 오늘날 우리는 앞에 '최고의', '우선의', '첫 번째', '주요한',
'가장 중요한' 같은 단어를 붙임으로써('가장 긴급한 일', '주된 우려',
'우선 관심 대상') 우선순위라는 말에 이전의 의미를 더하고 있다.

　다행스럽게도 직장에서 하는 대부분 일은 그 목적이 분명하다.
그러므로 목적을 달성하기 위해 해야 할 일의 순서만 정하면 된다.

　그러나 직장인들은 하루를 생각해보라. 매일 아침 부랴부랴 출
근해서 메일을 확인하고, 미팅에 참석하고, 시장 환경을 확인하고,
고객의 요청사항을 처리하는 등 끊임없이 일을 하는데도 할 일은
계속해서 늘어난다. 늦게까지 일을 마치고 퇴근할 즈음이면 하루
종일 내가 무슨 일을 했는지 기억이 제대로 나지 않는다. 우선순
위 없이 처리하는 방대한 양의 일은 오히려 사람들의 집중력을 깎
아먹기 때문이다. 자리에 오래 앉아 있다고 높은 성과를 올리는 것
은 아니다. 그동안 너무 많은 일을 바쁘게 하느라 기존의 업무방
식이 더 이상 통하지 않는다는 사실을 알아차리지 못한 것은 아닌
지 되돌아보고, 업무 집중력을 높일 수 있는 방법을 찾아야 한다.

　'함께 일하고 싶은 사람'은, 가장 중요한 일에 대한 중요성을 잘
인식하고 있기 때문에 동시에 여러 가지 일을 하려고 애쓰지 않는
다. 한 번에 두 가지 일을 할 수는 있지만, 한 번에 두 가지 일에 모

두 효과적으로 집중할 수는 없기 때문이다.

심리학자 윌리엄 제임스 교수는 "집중력이란 여러 가지 주제들 중 단 한 가지에 의식적으로 시선을 고정시키는 능력"이라고 정의했다. 이것은 단 한 가지 일을 효과적으로 처리하기 위해 나머지 것들을 한 곳으로 치워놓는 능력이기도 하다. '함께 일하고 싶은 사람'은 여러 가지 일을 동시에 잘 해내는 것 같지만, 사실은 한 번에 하나씩 집중해서 일을 처리한다. 그것이 훨씬 더 효과적이고 빠른 방법이며, 결론적으로는 다양한 일들을 모두 훌륭하게 해낼 수 있는 방법이기 때문이다.

적절한 비유가 영화 〈주유소 습격사건〉 중에서 배우 유오성이 말한 "난 한 놈만 패!"인 것 같다. 상대방이 몇 명이든지 자신은 한 명만 집중해서 때리고, 그러면 상대방은 그 한 명에 들지 않기 위해 겁을 먹게 된다는 것이다. '함께 일하고 싶은 사람'은 자신이 할 일들 중에서 우선순위를 정하고, 그 하나의 일을 '집중적으로 때릴 줄 아는' 사람이다.

대부분의 직장인들은 여러 가지 일을 동시에 처리하는 멀티태스킹multitasking이 곧 능력이라고 생각한다. 그러나 절대 그렇지 않다. 오히려 여러 가지 일을 동시에 망치는 지름길일 뿐이다. 한 번에 두 가지 일을 동시에 하려고 하면, 그중 하나도 제대로 해내지 못하는 경우가 빈번히 발생하기 때문이다. 피터 드러커에 따르면, "효과성은 집중이며, 시간-노력-자원을 한 가지 일에 집중할수록 더욱 다양한 업무들을 해낼 수 있다."고 한다.

멀티태스킹이라는 용어가 본격적으로 쓰이게 된 것은, 1960년 대 이후 작업을 수행하는 컴퓨터의 능력을 설명하면서부터다. 컴퓨터에서 말하는 멀티태스킹이란 서로 다른 여러 작업(task)이 각각 번갈아가면서 하나의 자원(예를 들어 CPU)을 공유하는 것이었다. 그러나 시간이 흐르면서 의미가 바뀌었고, 한 사람이 동시다발적으로 여러 개의 작업을 수행하는 것으로 해석되기 시작됐다. 하지만 이것은 잘못 만들어낸 해석일 뿐이다. 여러 가지를 동시에 처리하는 것처럼 보이지만, 컴퓨터마저도 사실은 한 번에 단 하나의 코드만 처리가 가능하기 때문이다. 작업의 수행 속도가 빠르다는 이유로 모든 것이 동시에 이루어진다는 환상이 커졌을 뿐이다.

인간의 뇌 또한 많은 정보를 동시에 다루는 데는 결코 능하지 않다. 너무 많은 정보가 동시에 쏟아지면 우리의 뇌는 과부하 상태에 걸린다. 신속하게 꺼내서 쓸 수 있는 단기 기억저장고인 '작업 기억working memory'이 매우 제한적이기 때문이다. 조금씩 충분한 간격을 두는 편이 오히려 집중력을 발휘해서 가장 효과적으로 일을 처리할 수 있게 된다.

하버드대학교 연구원 앤터니 와그너Anthony Wagner와 다니엘 스캐터Daniel Schacter의 실험은 이러한 뇌의 기능을 증명해준다. 두 사람은 학생들에게 단어 목록을 제시하고 이를 기억하게 하는 실험을 했다. A그룹에게는 목록 전체를 한꺼번에 여러 번 보여주었고, B그룹에게는 적당한 간격을 두고 단어들을 조금씩 보여주었다. 그 결과 B그룹이 훨씬 많은 단어를 기억해냈다.

사람들은 운전을 하면서 전화통화를 하거나 걸으면서 음악을 듣는 등 한 번에 두 가지 이상의 일을 동시에 한다. 문제는 이처럼 단순한 일도 결코 안전하지 않다는 점이다. 가령 운전 중 전화통화는 사고확률을 4배나 높인다. 핸즈프리를 사용한다고 해도 위험은 마찬가지다.

더 충격적인 것은 버지니아 공대 교통연구소 연구팀의 연구 결과다. 100대의 장거리 트럭에 비디오카메라를 설치해 놓고 18개월에 걸쳐 운전자의 모습을 추적했다. 그 결과 문자메시지를 보낼 때 사고확률이 23배나 더 높게 나타났다. 아무리 간단한 일이라고 해도 두 가지 일을 동시에 하는 것보다 하나의 일을 처리하고 나서 나중에 다른 하나의 일을 처리하는 것이 옳다. 운전 중에 전화가 오면 자동차를 멈춘 다음 전화 통화를 하고, 끝나면 다시 운전을 해야 하는 것과 같다.

그러니 복잡한 일은 말할 것도 없다. 두 가지 이상의 일을 동시에 집중하기란 무척 어렵다. 그래서 한 번에 하나씩이다. 예를 들어 저글링을 잘하는 사람들은 공 세 개를 자유자재로 다루는 것처럼 보일 수 있다. 하지만 자세히 보면 빠른 속도로 한 번에 한 개의 공을 잡았다가 위로 던지는 식이다. 잡고, 던지고, 잡고, 던지고… 한 번에 공 하나씩이다. 이렇게 하나의 과제에서 다른 과제로 넘어가는 것을 '과제 전환task switching'이라 부르고, 이때 발생하는 시간의 낭비를 '전환 간격switching time'이라고 부른다.

업무도 마찬가지다. 한 번에 두 가지 이상의 일을 하려 애쓰는 것은 집중력을 분산시켜 그 두 가지 일 모두에 좋지 않은 결과를 가져온다. 또한 과제 전환이 많으면 많을수록, 전환 간격이 길면 길수록 업무의 효율성이나 효과성은 떨어진다. 성과는 어떤 하나의 일을 집중적으로 몰입했을 때 생기는 것이기 때문이다.

'함께 일하고 싶은 사람'은 이러한 사실을 본능적으로 알고 있다. 예를 들어 회의에 참석했다면 회의가 끝나고 20분 이내에 생각을 정리하는 것과 다른 일을 끝내고 생각을 정리하는 것은 효율성 면에서 엄청난 차이가 난다. 일단 잊어버리고 나면 자료를 다시 읽고 기억을 되살리는 데 많은 시간이 걸리기 때문이다. 게다가 되살린 기억의 범위도 상당히 한정적이다. 컴퓨터는 전원을 껐다가 다시 켜도 문제될 것이 없지만 사람의 경우에는 심각한 장애가 생길 수 있다. 이것은 두 대의 비행기를 동시에 한 활주로로 불러들이는 것과 같다고 할 수 있다.

일의 집중력을 높이고자 한다면 우선순위를 정해 일해야 한다. 근육도 운동을 하면 강해지는 것처럼 집중력도 우선순위를 정해 자주 반복하다 보면 높아지게 된다. 대부분의 직장인들은 우선순위를 정할 때 무엇을 먼저 해야 하는가를 생각한다. 하지만 '함께 일하고 싶은 사람'은 '무엇을 다음에 할 것인가'로 우선순위를 결정한다. 데일 카네기의 말처럼 "큰일을 먼저 하면 작은 일은 저절로 처리"되기 때문이다. 『성공하는 사람들의 7가지 습관』의 저자인 스티븐 코비는 중요도와 긴급도를 기준으로 일의 우선순위를 정하라고 권하고 있다.

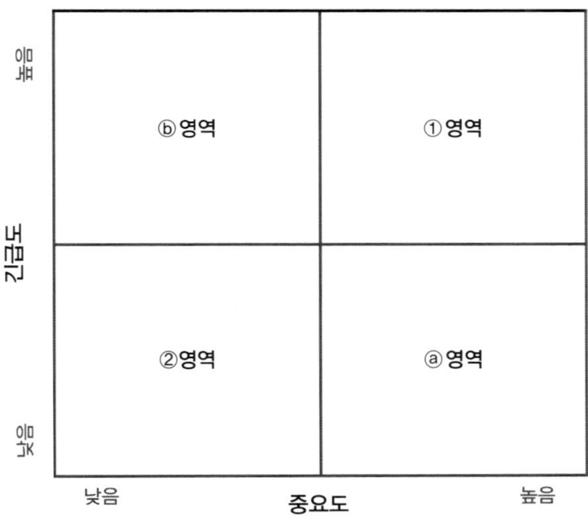

일의 우선순위 결정 매트릭스

그림에서 보는 바와 같이 모든 일에 중요도와 긴급도라는 기준을 적용하면 4개의 영역으로 나눌 수 있다.

①영역: 중요하고 긴급한 일

ⓐ영역: 중요하지만 긴급하지는 않은 일

ⓑ영역: 긴급하지만 중요하지는 않는 일

②영역: 중요하지도 긴급하지도 않은 일

①영역은 중요하면서 마감이 코앞에 닥친 일이다. 중요한 고객에게 요청한 자료를 보내거나 상사에게 문제 발생을 보고하는 일이 이 영역에 해당한다.

ⓐ영역은 중요한 일이지만 기간에 여유가 있어 긴급도가 낮은 일이다. 업무 자료 정리는 중요하다는 것을 잘 알면서도 긴급도가 떨어지니까 계속 미루게 된다. 인간관계 만들기, 건강을 위한 운동, 어학 학습, 다이어트 등도 이 영역에 해당한다.

ⓑ영역은 중요하지는 않지만 긴급도가 높은 일이다. 회사에 걸려오는 고객 전화 등은 바로바로 대응해야 한다. 보고서 작성에 필요한 정보나 자료를 찾는 업무도 이 영역에 속한다. 자료를 찾는 동안 만들어지는 고유의 가치는 없기 때문이다.

②영역은 중요도도 긴급도도 낮은 일이다. 텔레비전을 보거나 게임에 몰두하는 것이 이 영역에 속한다.

그렇다면 이 영역들에 우선순위를 정한다면 어떨까? '함께 일하고 싶은 사람'이 정하는 우선순위의 기본 원칙은, 중요한 일에 최우선 순위를 두고 시간을 활용하면서 긴급하지만 중요하지 않는 일을 줄이는 것이다. 만약 중요하고 긴급한 일(①)과 비교적 덜 중요하고 급하지도 않은 일(②)을 동시에 처리해야 한다면 대부분 사람들이 ①을 먼저 끝낸 후에 ②를 시작한다. 그러나 이때 ①과 ②의 우선순위가 바뀌어 ②를 먼저 하는 사람은 무능력하다고 찍힌다. 더 심각한 것은 ①과 ②중 어느 것을 먼저 해야 할지 망설이다가 둘 다 끝내지 못하고 시간을 놓쳐버리는 경우다.

문제는 ⓐ와 ⓑ의 경우가 동시에 벌어졌을 경우다. 중요하지만 긴급도는 덜 한 경우(ⓐ)와 아주 급하지만 상대적으로 중요도는 떨어지는 경우(ⓑ)의 업무를 동시에 처리해야 한다면 어찌 해야 할까? 물론 ⓐ와 ⓑ 둘 다 주어진 시간에 끝내면 유능한 직원으로 인정받아 좋겠지만, 둘 다 끝내기 힘들 것 같다면 당신은 어떤 일을 먼저 시작할 것인가?

OX로 결론 낼 문제는 아니지만, 이때는 중요하지만 긴급도가 덜 한 일(ⓐ)을 먼저 하는 것이 바람직하다. ⓐ를 끝내놓고 시간이 남으면 ⓑ를 시작하는 것이 유리하다. 왜 그럴까?

ⓑ라는 일은 그 시간만 지나가면 아주 필요 없는 일이 될 수도 있지만, ⓐ를 끝내놓지 않으면 ⓑ라는 일의 납기가 지난 후 이번에는 ⓐ가 매우 긴급하면서도 중요한 일로 다가와 있을 것이기 때문이다. ⓑ는 소나기와 같이 그 시간만 잠깐 피하면 그만이지만 ⓐ는 시간이 지나면 태풍으로 변해서 상륙한다. 태풍인 줄 뻔히 알면서 대비하지 않는 것처럼 미련한 짓도 없을 것이다. ⓐ와 ⓑ의 경중과 긴급도를 판단하기가 어려운 경우에는 곧바로 상사와 의논이 필요하다. 물어보는 창피함은 순간이지만 그 일의 결과는 실로 창대하기 때문이다.

많은 직장인들이 손이 닿는 곳에 '해야 할 일' 목록을 기록한 다이어리나 플래너를 두고 있을 것이다. 이런 목록이나 메모의 도움 없이 빈틈없이 일을 처리하기는 어렵다. 해야 할 일 목록은 우리의 집중을 유도하며, 항목을 하나씩 지워 나갈 때마다 기쁨의 도파민을 뇌로 흘려보낸다.

'함께 일하고 싶은 사람'이 특별한 것은 '해야 할 일' 목록뿐 아니라 '하지 말아야 할 일'에 대한 목록도 만든다는 점이다. 이는 집중에 방해될 만한 요소를 파악하여 제거하기 위함이다. '무엇을 다음에 할 것인가'라는 말은, 현실적으로 어떤 일을 손대지 않을 것인가를 결정해야 한다는 뜻이다. 그래서 무엇을 하지 말아야 할지 결정하는 일은 무엇을 할지 결정하는 일보다 중요하다.

그렇다면 '함께 일하고 싶은 사람'들이 생각하는 '하지 말아야 할 일'은 무엇일까? 여기에 그들이 공통적으로 꼽는 '하지 말아야 할 일' 세 가지를 알아보자.

1. 오늘 할 일을 내일로 미루지 않는다.
2. 업무 협조나 문의 등을 다른 사람에게 요청할 때는 업무시간을 넘기지 않는다.
3. 업무 집중 시간을 정하고, 그 시간에는 이메일이나 메신저를 하지 않는다.

가장 우선순위가 낮은 일은 바로 '과거yesterday의 일'이다. 즉 과거에 해야 할 일을 미룬 탓에 오늘 해야 할 일이 된 경우다. 결국 정기적으로, 체계적으로 과거의 일을 떨어내는 것이 새로운 일을 하는 방법이기도 하다. 직장생활이 얼마나 많은 '과거의 일'들로 채워져 있는지 생각해보면 이 말의 중요성을 실감할 것이다. 지나치게 많은 '과거의 일'로 인해 우리는 장기적으로 이익이 되고 좋은 변화를 가져다줄 '새로운 일'을 시도할 겨를이 없다. 즉 '새로운 일'을 시작하기 위해서는 불필요한 '과거의 일'을 떨어내는 것부터 시작해야 한다. 오늘의 일을 내일의 일로 미루지 말아야 '과거의 일'에서 벗어날 수 있다.

오늘날 이메일은 하루 평균 5천억 통에 이른다고 한다. 직장인들은 하루에 평균적으로 50~100통 정도의 이메일을 받는다. 단순하게 업무시간으로 환산하면 5~10분에 하나씩 메일이 도착한다는 계산이 나온다. 그러다 보니 업무시간 중 3분의 1 이상을 이메일을 체크하고 확인하는 데 사용하게 된다.

또 메신저는 어떤가? 궁금한 점을 문의하거나 협조를 요청할 때 요즘에는 전화보다 메신저를 더 많이 이용한다. 업무 중에도 메신저 창을 띄워 놓고 동시에 대화를 나눈다. 메신저를 업무에 많이 사용하는 건 업무적인 흐름을 놓치지 않기 위해서이기도 하고, 상사 또는 고객들이 항상 빠른 대답을 강요하기 때문이기도 하다.

그러나 이메일이나 메신저 때문에 업무에 집중하기 어려운 것도 사실이다. 그러므로 먼저 업무에만 집중할 수 있는 시간을 정하는 것이 좋다. 그 시간에는 이메일을 체크하거나 메신저를 하고 싶은 충동을 참을 수 있어야 한다. '함께 일하고 싶은 사람'은 순간적인 만족감을 나중으로 미루고, 집중할 수 있는 시간을 정해 자신의 업무에 집중해서 진정한 성취감과 지속적인 만족감을 얻는다.

‘함께 일하고 싶은 사람’은
일하는 우선순위가 다르다

• 직장인들은 여러 가지 일을 동시에 처리하는 멀티태스킹이 곧 능력이
라고 생각한다. 구체적인 이유를 찾아보자.

• 해야 할 일을 중요도와 긴급도에 따라 분류해보자. 그리고 우선순위
목록을 작성해보자.

• 일에 집중하기 위해서는 어떻게 해야 하는가?

10년 후 미래를 준비하라

코르크는 자신의 몸을 반으로 줄여서 병 주둥이를 틀어막는 능력이 탁월하다. 이렇게 유연성이 넘치는 반면, 빽빽하게 주둥이에 박혀 공기를 통하지 않게 만드는 힘도 좋다. 코르크가 보급되기 전에는 병 주둥이에 나무 조각을 끼우고 올리브유를 두른 형겊으로 싸서 실로 묶었다. 하지만 아무리 칭칭 감아도 미세한 틈으로 쉽사리 산화되었다. 코르크가 등장함으로써 와인은 우아하게 병 속에서 숙성할 수 있었다.

고급 코르크를 얻기 위해서는 우선 다 자란 코르크나무의 겉껍질을 모두 벗겨내고 약 10년을 기다려야 한다. 그리고 약 10년 후에 다시 찾아와 한 번 더 겉껍질을 모두 벗겨낸다. 그리고 또 다시 그 만큼의 세월을 기다린 후에야 비로소 원기둥 모양의 고급 코르크가 탄생한다.

회사의 입사지원서에 '10년 후의 미래를 그려보라'라는 항목이 유독 많은 이유는 무엇일까? 이것은 지원자가 자신의 미래에 대한 비전을 가지고 있는가를 확인하려는 것이다. 명확한 비전을 가진 이가 좀 더 적극적이고 미래 지향적인, 준비된 인재일 가능성이 크기 때문이다.

20대는 서른이 되면 무엇인가 달라질 거라고 생각하고, 30대는 마흔이 되면 또 달라질 거라고 생각한다. 그러나 각 세대에 따른 고민이 달라질 뿐, 정작 기대와 달리 달라지는 것은 별로 없다. 30대가 어려우면 40대도 어렵기 마련이다. 다만 30대를 얼마나 잘 준비하며 사느냐에 따라 40대를 어떻게 맞이하느냐의 길이 달라질 수 있다.

20대에 자기 위주의 정체성을 고민했다면, 40대는 가족과 자신의 꿈, 나아가 노년의 삶을 고려한 제2의 정체성을 찾아가는 시기이다. 그러므로 10년 후의 미래를 위해 직장인들에게 30대는 여러모로 중요한 시기다. 지금은 직장에서 실무자로서 실력을 발휘하고 있지만, 40대에는 리더로서 인정을 받고 리더십을 발휘해야 한다. 10년 후 어떻게 해야 성공적인 리더가 될 수 있는지, 자신의 커리어를 어떤 식으로 남들과 차별화할 것인지를 생각하면, 30대인 지금이 바로 그 준비를 해야 할 중요한 시기인 것이다.

문제는 사람들이 현재의 익숙한 상황에서 벗어나는 것을 아주, 아주 싫어한다는 데 있다. 자주 가던 식당에 가는 게 마음 편하고, 계속 거래하던 회사를 바꾸는 것도 꺼린다. 변화를 시도했다가 손해 봤을 때의 후회가 현 상태를 유지했다가 보게 되는 손해보다 더 크기 때문이다. 그래서 "하던 대로 해!"라는 말은 일상생활뿐 아니라 직장생활에서까지도 보편적으로 쓰이는데, 이런 심리 상태를 '현상 유지 편향status quo bias'이라고 부른다.

이는 윌리엄 새뮤얼슨William Samuelson과 리처드 제크하우저Richard Zeckhauser가 1988년 「의사 결정에서의 현상 유지 편향(Status Quo Bias in Decision Making)」이라는 논문에서 처음 소개한 현상으로, 이들은 사람들이 현재의 상태에 머물고자 하는 바람이 강하다는 사실을 실험을 통해 입증했다.

같은 금액의 유산을 물려받게 된 사람들이라도 그 유산이 현금인지 혹은 주식이나 채권인지에 따라 각자 관리하는 방법이 달랐다. 현금으로 유산을 물려받았던 자손들은 자신의 투자 성향에 맞게 계획을 짜서 예금 또는 적금으로 넣어두거나 투자 대상을 찾아 투자를 적절하게 하였다. 반면 주식이나 채권 등으로 물려받은 자손들은, 자신들의 투자 성향에 맞게 재투자하지 않고, 물려받은 그 상태를 유지하는 것으로 나타났다. 즉 현금으로 순환하는 것에 대한 불편이 현상 유지 편향으로 작용한 것이다. 이후 이를 뒷받침하는 수많은 논문이 발표되었다.

대표적인 것이 이메일이다. 대부분의 이메일 사용자는 선호하는 사이트가 있는데, 보통은 여러 사이트를 비교 분석해서 선택한 것이 아니라, 가장 먼저 사용한 이메일이기 때문에 계속 사용하는 경향이 있다. 새로운 이메일 시스템을 접하면 오히려 어떻게든 자신이 사용하고 있는 이메일 시스템의 우수성을 찾아내려고 노력하며, 부족하거나 뒤떨어지는 점이 있으면 그건 별로 중요한 것이 아니라고 생각한다. 즉 현재의 이메일 시스템을 선호하는 현상 유지 편향이 나타나는 것이다.

이 밖에도 일상생활이나 직장생활에서 흔히 볼 수 있는 현상 유지 편향은 무수히 많다.

- 다른 은행에 더 좋은 상품이 있음에도 단골 은행에 계좌를 유지한다.
- 차가 막혀도 같은 길로만 운전하고, 같은 단골가게에서 식료품을 구입하고, 같은 커피숍에서 커피를 마신다.
- 직장인들은 다른 역할이나 직책을 맡으려고 하지 않으며, 심지어 업무 재배치를 통한 승진 기회를 거절하기도 한다.
- 몇 년 동안 동일한 브랜드의 동일한 상품(비누, 치약, 세제 등)이나 서비스(인터넷, 휴대전화 등)를 사용한다.

그러나 현상 유지 편향은 10년 후 미래를 준비하는 데는 아킬레스건이다. 어떻게 하면 현상 유지 편향을 벗어날 수 있을까? 지금 바로 무언가 새로운 것을 시도하고자 노력해야 한다. 예를 들어 출근길의 운전 경로를 바꿔본다든가 다른 커피숍에서 커피를 마셔보는 일처럼 간단한 것부터 시작해보자.

'함께 일하고 싶은 핵심 인재'는 10년 후 미래를 위해 5가지를 미리 준비한다.

1. 리더십을 준비한다

40대가 되면 직장에서는 보통 차장급 이상의 고급 관리자의 위치에 서게 된다. 그동안은 실무자의 입장에서 조직을 바라봤다면, 40대에는 진정한 리더십을 발휘할 때이다.

단순히 업무를 처리하던 것에서 벗어나 프로젝트를 수행하고 팀을 이끌어갈 능력이 있어야 한다. 그러기 위해서는 30대부터 준비한, 즉 10년 동안 쌓아둔 실력이 진가를 발휘할 수 있어야 한다. 10년을 어떻게 보내느냐에 따라 리더로 인정받을 수 있을지의 여부가 결정되기 때문이다.

2. 전문성을 갖춘다

"오늘 당장 회사를 그만둔다면 나 혼자의 역량만으로 먹고 살 수 있을까?"라고 스스로에게 질문했을 때, "그럴 수 없다."라는 대답이 나온다면, 그동안은 직장에서 충분한 전문성을 쌓지 못했다는 뜻이다.

10년 후에 이와 똑같은 질문을 던졌을 때 자신 있게 "그럴 수 있다!"라는 답이 나올 수 있도록 전문성을 길러야 한다. 물론 전문성은 하루아침에 길러지는 것이 아니므로, 지금 당장은 전문성이 없다고 실망할 필요가 없다. 전문성은 한 단계 한 단계 지속적으로 나아갈 때 길러지는 것이기 때문이다. 자신의 분야에서만큼은 1인 기업으로도 손색이 없는 전문성을 갖추도록 준비하자.

3. 인적 네트워크를 쌓는다

자신의 분야와 관련된 지식이나 경험에 항상 눈과 귀를 열어두어야 하는 것만큼이나 중요한 것이 그 분야의 전문가들과 네트워크를 구축하는 일이다. 자신의 분야와 관련된 지식을 확장시키지 못한다면 '우물 안 개구리'일 수밖에 없기 때문이다.

즉 자신의 분야에서 전문성을 기른다고 해서 다른 곳을 바라보지 않고 너무 한 곳으로만 치우치면 다양성을 높일 수 없다. 넓은 시야를 가지고 다양한 지식을 습득하는 것도 중요하다. 그래서 단지 '명함 수집'에 열을 올릴 것이 아니라, 한 명이라도 진심으로 다가가 자신만의 네트워크로 만들 필요가 있다.

특히 SNS나 블러그를 활용하는 것이 좋다. 직장인은 사무실이라는 한정된 공간에서 주로 시간을 보내기에 새로운 인맥을 쌓는 데 제약을 받기 때문이다. 꾸준히 자신의 전문성을 다른 사람들에게 알리고 공유하다 보면 자신만의 팬덤fandom도 형성할 수 있을 것이다. 또 자신이 관심 있는 영역에 대한 오프라인 모임을 만들어 운영하는 것도 좋다. 이런 노력들이 인맥도 쌓고 다른 사람과 전문적인 지식을 공유할 수 있어 자신의 실력 향상에 도움을 준다.

4. 새로운 도전을 시도한다

어느 날 문득 지금까지 해왔던 일과 아주 무관한 새로운 일을 해보고 싶다는 생각이 들 때가 있다. 하지만 지난 시간 동안 쌓아온 경력을 제쳐두고 성공을 장담하지 못하는 새로운 일에 뛰어들기는 쉽지 않다. 새로운 것을 학습하기 위해서는 기존의 것을 과감히 버릴 줄 아는 지혜가 필요하다.

기계나 건물 같은 고정 자산은 세월이 지남에 따라 감가상각(減價償却)이 되어 가치가 점점 줄어든다. 마찬가지로 개인의 지식도 '감가상각의 법칙'이 존재한다. 특히, 기술 진보가 빠른 IT업계에서는 1년을 공부하지 않으면 지식의 80%는 그 가치가 소멸하고, 2년이 지나면 현재의 지식은 잔존 가치가 거의 없어져 버린다고 한다.

배우고 고민하지 않으면 퇴보하기 마련이다. 따라서 새로운 도전은 자신의 경력을 한 단계 높이는 자양분이 될 수 있고, 처음 생각과 다르게 여의치 않을 경우에도 새로운 경험으로 여겨 후회는 없을 것이다.

5. 자신만의 브랜드를 만든다

직장인은 조직이 영원히 자신을 보호해줄 거란 막연한 기대감에 사로잡혀 사는 경우가 많다. 이런 환경에 익숙해지면 조직에 의존하는 사고방식이 몸에 배게 돼 스스로 통제력을 잃고 조직이 원하는 꼭두각시가 되기 쉽다. 조직이라는 울타리 내에서 주어진 업무에만 충실하다 보면 당장은 아무런 문제없이 평온한 나날을 보낼 수 있기 때문이다. 하지만 10년 후에도 같을 수 있을까?

실제적으로 조직이 자신을 보호해주지 않는다는 것을 깨닫는 데는 그리 오랜 시간이 걸리지 않는다. 보다 겸허한 자세로 자신과 조직을 둘러싼 주변의 세상을 냉정하게 직시할 필요가 있다. 그래서 '함께 일하고 싶은 사람'이 되고자 한다면 남과 다른 자신만의 브랜드를 완성해야 한다.

인간은 미리 준비해야 되는지를 잘 알면서도 그 시간을 막연히 흘려보내며 늘 후회하는 동물이다. 이미 지나간 시간을 놓고 "그때 했어야 했는데!" 하고 후회하는 사람은 자신의 선택에 대한 기회비용機會費用을 아쉬워하는 셈이다. 선택을 달리 했더라면 자신의 인생이 지금보다는 훨씬 나았을 것이라고, 그저 자기를 위안하려는 처절한 몸부림에 불과하다.

기회비용opportunity cost의 사전적 정의는 '하나의 대안이 선택되었을 때 다른 대안들에서 얻을 수 있는 잠재적 이익의 상실(the loss of potential gain from other alternative when one alternative is chosen)'이다. 1914년 오스트리아 경제학자 프리드리히 폰 비저Friendrich von Wieser가 만든 말로, 어떤 행위를 하기 위해 포기해야 하는 다른 기회의 최대 가치라는 점에서 '선택의 비용'이기도 하다. "산토끼 잡으려다 집토끼 놓친다."는 속담은 바로 기회비용의 문제를 지적한 것으로 볼 수 있다.

춘가 무이와 풀 캐롤은 『똑똑한 기업을 한순간에 무너뜨린 위험한 전략』에서 지난 25년간 미국에서 실패한 750개 기업의 사례를 분석했는데, 가장 심각한 문제가 '기회비용의 무시'로 나타났다. 특히 다른 기업과의 인수·합병 시 시너지 효과에 대한 환상으로 인해 과도한 기회비용을 지불하고 엄청난 손해를 입은 경우가 많았다고 한다. 즉, 시너지 운용 전략에 시간과 관심을 집중한 나머지

더 좋은 성과를 낼 수 있는 다른 기회를 놓치고 말았다는 것이다.

 "기회는 두 번 오지 않는다(Opportunity knocks but once)."라는 말이 있다. 옛날부터 '누구에게든 성공의 기회가 한 번은 있다'는 속설에서 유래된 말이다. 기회는 사람의 집을 방문해 문을 두드리지만, 단 한 번밖에 두드리지 않기 때문에 그걸 놓친 사람은 기회를 잃게 된다는 이야기다. 그러니 지나간 세월이 더욱 아쉬울 수밖에 없다. 오죽하면 가수 나훈아는 "청춘을 돌려다오~!"라고 절규했겠는가.

'함께 일하고 싶은 사람'은

10년 후 미래 준비가 다르다

• 10년 후 나는 과연 어떤 삶을 살고 있을까?

• 10년 후 절대 후회하지 않을 인생을 살았다고 자신할 수 있을까?

• 어떻게 살아야 후회하지 않는 인생을 살 수 있을까?

• 최소한 10년 후 후회하지 않는 인생이란 어떤 삶일까?

Ⅲ. 노력만이 끌림을 유지한다

"세상에서 가장 어려운 일이 뭔지 아니?"

"흠… 글쎄요, 돈 버는 일? 밥 먹는 일?"

"세상에서 가장 어려운 일은, 사람이 사람의 마음을 얻는 일이란
다. 각각의 얼굴만큼 다양한 각양각색의 마음은, 순간에도 수만
가지의 생각이 떠오르는데, 그 바람 같은 마음이 머물게 한다는
건… 정말 어려운 일이지. 다른 사람에게 결코 열어주지 않는 문
을 너에게 열어주는 사람이 있다면 너는 진정한 친구를 얻었다고
할 수 있는 거란다."

● 생텍쥐페리 『어린왕자』 중에서

'함께 일하고 싶은 핵심 인재'는 품성이 좋아 사람을 끌어당기
고, 실력이 있어 높은 성과를 내며, 다시 함께 일하고 싶은 끌림
을 유지한다.

직장생활이라는 게 혼자보다는 팀플레이가 중요한데, 동료와 함께 하는 일이 순조롭기만 하다면 무슨 근심이 있겠는가. 다만 현실은 암울하게도 불현듯 내뱉게 되는 '엉망진창'이라는 말이 적절할 때가 더 많다. 게다가 엉망진창이 된 프로젝트에서 문제점을 발견하고 해결 방법을 찾는 일은 무척이나 힘들다. 사람이란 너무도 복잡한 존재이기 때문에 함께 일하는 사람들을 지속적으로 몰입하게 만드는 일이 쉽지 않기 때문이다. 즉 끌림을 얼마나 유지할 수 있는가가 일을 성공의 길로 이끄는 초석이 된다.

사람들은 함께 일한 동료가 "함께 일할 때, 저 어땠어요?"라고 직접적으로 물으면 대부분은 감정을 건드리지 않으려고 조심한다. 긍정적인 점은 부풀리고 부정적인 점은 축소해서 이야기하며 실제 속마음을 드러내지 않는다. 그러나 다른 누군가가 그 동료에 대해 물으면 우리는 좀 더 솔직하게 의견을 내놓는다. 그래서 핵심 인재와 함께 일한 동료들을 통해 끌림을 유지하는 그들만의 비밀을 발견할 수 있다. 사실 동료들 사이의 상호작용은 간단한 규칙과 행동양식을 따르는 데 있다.

그렇다면 끌림을 유지하기 위해서는 어떻게 해야 할까? 완벽하지는 않지만 보편적으로 사용하는 두 가지 방법이 있다. 하나는 직장생활에서 진리로 받아들여지는 속담이나 격언에 의지하는 방법이다. 그러나 유감스럽게도 이런 통념들은 상황에 따라 자주 충돌한다. 가령 '여럿이 일하면 시너지가 난다' vs '사공이 많으면 배가 산으로 간다', '안 보면 보고 싶어진다' vs '안 보면 멀어진다'

등이 대표적인 예다.

물론 사람에 따라, 상황에 따라 훌륭한 방법이 될 수도 있지만, 상충되는 속담이나 격언 중 하나를 골라 적용해야 할 때는 어떤 지침이 없어 모호해진다. 위의 예로 살펴보자면 '여럿'과 '많은 사공'은 어떤 차이가 있는 것일까? 또 안 보면 멀어질지 모르지만, 떨어져 있을 때 소중함을 느껴서 동료애가 더 깊어질 수도 있을 것이다.

다른 하나는 시행착오에서 배우는 것이다. 즉 과거의 경험에 비추어보는 방법인데, 유감스럽게도 직장생활을 하면서 실수 후에 다시 시도할 기회를 갖기는 정말 어렵다. 결론적으로 말하자면, 시행착오에서 배울 기회도 부족할 뿐더러 끌림을 유지하기 위해 무엇을 배워야 할지도 종잡을 수 없다.

속담이나 격언에 의지하거나 실수에서 배우는 데 한계가 있으니 그냥 포기해야 할까? 물론 절대 아니다. 끌림을 유지하기 위해 정확하고 효과적인 비밀을 찾는 확실한 방법이 하나 있다. 바로 본보기를 통해 배우는 것이다. 끌림을 유지하는 방법은 타고난 자질이 아니라 학습으로 가능하기 때문이다. 그렇다고 "비판받지 않으려면 비판하지 마라!"와 같은 상사의 충고, "동료의 호의를 트집 잡지 마라!"와 같은 선배의 조언, "겉만 보고 속을 판단하지 마라!"와 같은 유명인사의 말처럼 모호하고 구태의연한 것으로는 안 된다.

3부에서는 '함께 일하고 싶은 핵심 인재'들이 끌림을 유지하기 위해 어떻게 칭찬하고 어떻게 비판하며, 성격이 다른 사람들과 어떻게 일하면서 팀워크를 강화하고, 어떻게 자신의 감정을 관리하고 상대방을 설득하는지 그 방법들을 알아보고자 한다. 끌림을 유지하기 위해 필요한 이런 비밀들은 당신의 삶에 나침반 역할을 해줄 것이다.

말보다 행동을 우선하라

결단을 내리는 데 시간이 걸리는 사람을 비난해서는 안 된다. 정작 비난해야 할 대상은 결단을 내린 뒤 실행에 옮기는 데 시간이 걸리는 사람이다.

● 시오노 나나미(『로마인 이야기』의 저자)

우리는 매일 새로운 결심을 한다. '내일부터 토익 성적을 올려야지', '새해부터는 다이어트를 해야지'와 같은 생활 속의 작은 결심도 있고, '10년 후에는 핵심 인재가 될 거야' 같은 미래를 염두에 든 긴 안목의 결심도 있다. 그러나 안타깝게도 대부분은 작심삼일로 끝나거나 용두사미로 흐지부지되어, 스스로 한숨을 내쉬며 "나는 항상 왜 이럴까?"라고 자책한다.

마르쿠스 키케로Marcus Cicero(고대 로마의 정치가·철학자)는 "미루는 습관을 혐오한다."고 했다. 지난 40년 동안 전 세계의 자료를 분석해온 심리학자 피어스 스틸Piers Steel에 의하면, 95% 이상의 사람들이 '가끔은 해야 할 일을 미룬다'고 한다. 특히 직장인들은 업무 시간의 4분의 1, 즉 하루에 2시간 정도는 일을 미루면서 보낸다고 한다.

이렇게 행동을 미루는 이유는 크게 세 가지로 볼 수 있다.

첫째는 행동해서 얻은 것의 가치보다 행동해서 잃어버린 것의 가치를 크게 평가하는 '손실 회피loss aversion' 때문이다. 이 개념은 심리학자이자 행동경제학자인 아모스 트버스키와 대니얼 카너먼의 연구를 통해 알려졌다. 예컨대, 1만 원을 잃어버렸을 때 느끼는 손실감은 1만 원을 얻었을 때 느끼는 행복감보다 크다는 것이다. 정서적으로 2배의 차이가 난다는 실험 결과도 나와 있다. 이러한 손실 회피 심리 때문에 우리는 흔히 행동을 미룬다.

직장에서 회의하는 모습을 떠올려보자. 어떤 일이나 사안에 대해 잠자코 있으면 남들이 아는지 모르는지 모르기 때문에 중간은 되지만, 자기 생각을 애써 말했다가 무식이 탄로 나면 나서지 않은 것보다 못한 결과를 얻게 된다. 이를 좀 더 확장시키면, 가만히 있으면 안전할 일을 괜히 잘 해보려다가 오히려 그르칠까, 새로운 시도에 대한 기피로 이어진다.

특히 혼자서 의사 결정을 하고 책임을 지는 구조의 조직이라면 구성원들이 위험을 기피하는 건 당연하다. 위험을 감수해서라도 잘 해내면 좋겠지만, 만약 잘못된 책임으로 일자리를 빼앗길 정도라면 무엇 때문에 위험을 감수하겠는가? 그래서 공무원이나 직장인에 대해 '복지부동'이나 '무사안일'하다는 말을 잘 쓰는 것이다.

둘째는 마음속에 행동하지 않겠다는 강한 동기가 깔려 있기 때문이다. '내일부터' 혹은 '새해부터'란 말에는 '지금은 하기 싫다'는 강한 거부 심리가 숨어 있다. 막상 행동할 시간이 다가오면 그 결심은 다시 내일, 그리고 내년으로 쉽게 미뤄진다. 특별한 시간이나 특별한 날로 결심을 미룬다는 것은, 겉으로 아무리 변화를 원하는 척해도 내면에서는 절대로 변화하지 않겠다고 말하는 것과 같다.

셋째는 같은 일도 시간적 거리에 따라 행동의 용이성이 다르게 지각되는 '시간불일치time inconsistency 현상' 때문이다. 당장 공부하기는 싫지만 좋아하는 TV 프로그램을 보고 나면 왠지 공부가 잘 될 것 같다거나, 지금 다이어트를 하기는 어렵지만 새해 첫날부터는 새로운 마음으로 쉽게 시작할 수 있을 것이라고 느껴지는 것 따위가 그렇다. 하지만 막상 행동해야 할 날이 오면 여전히 결심은 어려운 일로 다가오고, 계속 나중으로 미루게 된다.

행동은 곧 의지이며, 의지는 개인이 타고나는 자질이라고 생각하는 사람이 많다. 하지만 꼭 그런 건 아니다. 행동은 타고난 자질이 아니라 배우고 연습하면 누구나 개발할 수 있는 일종의 기술이다.

'함께 일하고 싶은 사람'은 '지금이 바로 제일 적당한 때!'라고 생각하고 당장 행동하는 사람들이다. 그들은 성과를 내기 위해서는, 무엇을 해야 할지 아는 지식이나 정보보다는 얼마나 능숙하게 그 지식과 정보를 '실행'하느냐에 달려 있다는 것을 잘 안다. 지식과 정보가 실력을 키우는 데 필요한 요인이라는 점은 자명하지만, 행동 없이는 무엇도 이룰 수 없다. 생전에 그 누구보다 왕성한 활동을 하다가 94세에 세상을 떠난 조지 버나드 쇼는 죽기 오래 전에 자신의 묘비명을 정해놓았다고 한다. "우물쭈물하다가 내 이렇게 될 줄 알았지!"

당신이 행동하지 않는 것은 의지의 문제가 아니라 아직까지 효과적인 방법을 배우지 못했기 때문일 뿐이다. 그렇다면 '함께 일하고 싶은 사람'이 되기 위해서는 어떻게 행동해야 할까?

1. 당장 행동하라

'함께 일하고 싶은 사람'은 중요한 일을 미루지 않고 지금 당장 행동한다. 그들에게 행동하기 가장 좋은 날은 '오늘'이고, 행동하기 가장 좋은 시간은 '지금'이다. 성과를 달성하는 데 가장 파괴적인 단어는 '나중'이고, 가장 생산적인 단어는 '지금'이다. 그래서 '함께 일하고 싶은 사람'은 "지금 하겠다."고 말하는 반면, 그렇지 않은 사람은 "내일 하겠다."고 말한다. 결국 '오늘'과 '지금'은 '함께 일하고 싶은 사람'의 단어이고, '내일'과 '나중'은 그렇지 않은 사람들의 단어이다. 행동하고 싶다면, 이것저것 따지지 말고 나이키의 캠페인처럼 "Just Do It(그냥 해 버려)!"

2. 작게 시작하라

'함께 일하고 싶은 사람'은 어떤 일을 할 때 작게 시작한다. 대부분의 사람들이 뭔가 하고 싶기는 한데 엄두가 안 나서 시작도 못 해보곤 한다. "하고 싶은 일이 있는데 엄두가 안 나서….", "실력을 높이고 싶은데 엄두가 안 나서…." '엄두'는 한자어 '念頭(염두)'에서 온 말이다. '생각할 념(念)'과 '머리 두(頭)'를 써서 '생각의 첫머리'란 의미를 갖고 있다. 그래서 '엄두를 못 낸다'는 말은 어떤 일을 하기는커녕 해볼 생각조차 하기 어렵다는 의미로 사용된다.

왜 엄두가 나지 않을까? 하고자 하는 일이 너무 어려워 제대로 할 수 없을 것이라고 지레짐작하기 때문이다. 대표적인 사례가 어렸을 때 꿈을 도전하기도 전에 포기하는 것이다. 예컨대 글을 쓰는 사람에게는 '작가의 장벽Writer's Block'이라는 게 있다. 책상 앞에 앉았지만 머릿속에 장벽이 쳐진 것처럼 도저히 글을 쓸 수 없는 상황을 말한다. 글을 쓸 수 없어서가 아니라 감동을 주는 멋진 글을 쓸 수 없을 것 같은 작가 자신의 두려움 때문이다.

"시작이 반"이라는 말이 있다. '함께 일하고 싶은 사람'은 아무리 어려운 일이라도 쉽게 할 수 있는 작은 일을 찾아내서 바로 시작한다. '작가의 장벽'을 이겨내기 위해서는 설사 말도 안 되는 문장이라도 일단은 문장을 완성하는 것이 중요하다. 그렇게 한 문장, 한 문장을 쓰다 보면 언젠가는 자연스럽게 정말 쓰고 싶은 것을 쓸 수 있게 된다. 작은 시작은 엄두도 내지 못하던 큰일을 해낸다.

지금 시작하고 싶은 일이 있는데 도저히 엄두가 나지 않는다면, 그 일과 관련된 쉽고 작은 일 하나를 찾아 당장 시작해보자. 그 작은 일 하나를 시작함으로써 그 다음, 그 다음이 신기하게도 수월하게 풀려 나갈 것이다.

3. 시간을 통제하라

'함께 일하고 싶은 사람'은 자기만의 데드라인을 가지고 있다. 대부분의 사람들은 아무리 충분한 시간이 주어져도 데드라인 직전에서야 일을 끝낸다. 시간을 남기는 법이 없다. 학생들은 방학 과제나 시험공부를 언제부터 시작할까? 아마도 대부분은 개학이든 시험날짜든 발등에 불이 떨어져서야 시작할 것이다. 이처럼 더 이상 미룰 수 없을 때까지 끝까지 버티다 벼락치기를 하는 현상을 '학생 신드롬Student Syndrome'이라고 한다.

직장인도 역시 마찬가지다. 보고서나 기획서를 작성하는 시간은 늘 하루가 부족하다. 준비기간이 길건 짧건 십중팔구 전날에는 밤 늦게까지 일을 하고, 심지어 밤을 새기도 한다. 반면에 '함께 일하고 싶은 사람'들은 여유롭게 일하면서도 시간을 알차게 사용한다.

자세히 들여다보면 그들에게는 작은 차이가 하나 있다. 전자는 남이 정한 데드라인에 따라 움직이며, 발등에 불이 떨어져야 이리 뛰고 저리 뛴다. 이들은 항상 조금 늦게, 준비가 덜 된 상태로 움직이기 때문에 끊임없이 시간의 압력에 시달린다. 반면에 후자는 타인이 부여한 데드라인을 자신이 설정한 데드라인으로 재설정하는 능동적인 습관을 갖고 있다. 그들은 데드라인을 스스로 조절해서 시간을 통제한다. 즉, 데드라인을 스스로 조절하지 못하면 데드라인이 사람을 통제하게 된다.

'함께 일하고 싶은 사람'들은 일을 언제까지 끝내겠다는 '종료 데드라인Ending Deadline'과 언제 시작하겠다는 '시작 데드라인Starting Deadline'을 갖고 있다. 이 두 데드라인 안에서 일을 끝내기 위해 그들은 최대한의 엔도르핀을 분비시켜 에너지를 총동원하고, 근육을 긴장시켜 한 가지 일에 몰입하게 만든다. 이러한 몰입은 그동안 머릿속에 비축해둔 모든 지식과 정보들을 검색하여 자신이 원하는 해결책을 찾아내는 강력한 힘이 된다.

또한 스스로 시간을 통제하는 일은 똑같은 결과, 아니 더 나쁜 결과가 나오더라도 가만히 있는 것보다 무조건 행동하는 게 낫다는 '행동 편향action bias'을 예방할 수 있다.

예를 들면 '희생번트 무용론'이란 것이 있다. 야구 통계를 과학적으로 분석해보면, 희생번트보다는 강공이 유리하다는 가설이다. 스포츠 경제학자 이영훈이 미국 메이저리그의 45,495경기 상황을 분석한 결과에 따르면, 무사 1사에서 득점 확률은 44.2%인 반면 1사 2루에서 득점 확률은 41.5%였다고 한다. 또 일본 프로야구 2005년 시즌 기록에 따르면, 무사 1루에서 평균 득점은 0.84점인 반면 1사 2루에서는 0.75점이었다고 한다.

이스라엘 학자 마이클 바-엘리Michael Bar-Eli는 축구 경기에서 페

널티킥을 차는 선수들을 관찰했는데, 3분의 1은 골대의 중앙, 3분의 1은 왼쪽, 3분의 1은 오른쪽으로 공을 차는 것으로 밝혀졌다. 재미있는 것은 골키퍼들 중 2분의 1은 왼쪽으로 몸을 날렸고, 2분의 1은 오른쪽으로 몸을 날렸다. 확률은 같은데도 중앙에 멈춰 서 있는 경우는 드물었다.

왜 그럴까? 무사 1루나 무사 1, 2루에 희생번트를 대지 않고 강공을 펼쳐 병살이 되면 감독의 '작전 실패'라는 인상을 줄 수 있다. 하지만 번트를 실패하면 감독이 아니라 선수의 책임이 된다. 번트가 성공해 1사 2루가 된 뒤 적시타가 이어지지 않아도 역시 선수에게 비난이 쏠린다. 희생번트는 안정적인 득점원이 아니라, 그저 감독직 유지에 안정적인 역할을 해주는 면피용 작전일 뿐이다.

골키퍼의 경우는 어떤가? 그 자리에 멈춰 선 채 공이 왼쪽이나 오른쪽으로 스쳐가는 걸 보기만 한다면 최선을 다하지 않는 것처럼 보인다. 차라리 틀린 방향이더라도 몸을 날리는 편이 최선을 다하는 것처럼 보이고, 골키퍼 자신도 심적으로 덜 괴롭다.

이런 행동 편향은 인류 진화의 역사와 깊은 관련이 있다. 사냥과 채집으로 살아가던 환경에서 생각은 치명적인 약점이었을 수 있다. 번개처럼 빠른 반응이 생존하는 데 훨씬 중요했을 것이다. 세상은 크게 달라졌지만, 인간의 그런 습성은 여전히 우리를 지배하고 있다.

직장생활에서도 이런 행동 편향을 흔히 볼 수 있다. 직장인들의 언어로 표현하자면 쇼잉showing이 그것이다. 쇼잉이란 성과는 없더라도 일하는 것처럼 보여주기 위한 행동이다. 나중에 성과가 낮거나 실패하더라도 '열심히 했다'는 면피용 핑계거리가 생기기 때문이다. 일을 할 때 '시작 데드라인'과 '종료 데드라인'을 설정하면 이런 쇼잉, 즉 행동 편향을 줄일 수 있다.

결국 성과를 만들어내는 것은 바로 이 행동 편향을 날려버리는 행동에서 비롯된다. 즉 자신이 어떻게 행동하느냐에 따라 만들어내는 성과가 달라질 수 있다는 말이다. 중요한 것은 자신이 어떤 판단을 내리고 어떤 행동을 하느냐이다.

아리스토텔레스는 무엇이든 직접 해봐야 알 수 있다고 했다. 집을 지어봐야 건축가라고 할 수 있고, 하프를 연주해봐야 하피스트라고 할 수 있는 것처럼, 직접 해봐야 그런 사람이 될 수 있다고 말했다. 절제하는 행동을 통해 자기 통제력을 높이고, 용감한 행동을 통해 비로소 용감한 사람이 될 수 있다는 것이다.

이제는 자신이 앞으로 어떤 행동을 할 것인지, 언제 시작할 것인지 순전히 자신의 의지로 통제해서 '함께 일하고 싶은 사람'으로 거듭나야 한다. 시간을 통제하고, 의지를 통제한다면 자신의 성과 역시 자신이 통제할 수 있다는 의미이기도 하다.

역사적으로 성공한 인물들의 이름을 떠올려보라. 그들은 100% 어떤 행동 때문에 존경을 받는 것이지, 아무것도 하지 않은 걸로 인정받은 사람은 단 한 사람도 없다. 하긴 두려움 때문에 행동을 취하지 않는 사람이 많기 때문에 '행동하는 양심'이 필요하다는 말도 나오게 된 게 아니겠는가?

심리학자 피더 레윈손Peter Lewinsohn은 사람들이 종종 도망치거나 회피하는 행동을 개선하기 위해 '행동 활성화Behavioural Activation'라는 간단한 진단법을 고안했다.[1] 문제가 되는 자신의 행동을 확인해보고 개선할 행동을 정해서 실천 계획을 세워보자.

---

1) Lewinsohn, P. M. (1974). A behavioral approach to depression. In R. M. Friedman, & M. M. Katz(eds.), ThePsychologyofDepression:ContemporaryTheoryandResearch.NewYork: Wiley.Lewinsohn,P.M.,Antonuccio,D.O.,Berckenridge,J.S.,&Teri,L.(1984). TheCopingwithDepressionCourse.Eugene,OR:Castalia.

하지 않고 있는가? 예 or 아니오

3. 밥을 잘 먹지 않거나 위생 관리를 제대로 하지 않는 등 자신을 챙기는 일에 소홀히 하고 있는가? 예 or 아니오

4. 직장에서 업무를 게을리하고 있는가? 예 or 아니오

5. 과거에 집착하면서 미래에 대한 계획을 외면하고 있는가? 예 or 아니오

6. 자녀나 배우자 혹은 애인과의 관계에 흥미를 잃어버렸는가? 예 or 아니오

7. 너무 오랫동안 TV를 보거나 컴퓨터 게임을 하는 등 집안에서 시간을 보내는가? 예 or 아니오

8. 과음이나 폭식을 하거나, 약물을 복용하고 있는가? 예 or 아니오

2) 목표 세우기

다음 항목들을 살펴보자. 이중에서 여러분이 중요하게 생각하면서도 어려움을 겪고 있는 것들을 한두 가지 선택하고, 이에 대한 질문에 답해보자.

인간관계 관계를 지금 상태로 유지하고 싶은가, 아니면 바꾸어보고 싶은가? 인맥을 넓히고 싶은가? 부모님이나 배우자 혹은 연인과의 관계를 개선하고 싶은가?

업무 업무 성과를 높이고 싶은가? 승진을 하거나 교육을 받고 자격증을 따고 싶은가?

여가 활용 여가 시간을 더 즐겁게 보내고 싶은가? 어떤 종류의 스포츠나 취미 활동을 하고 싶은가?

조직 활동 여러분이 소속된 조직에 더 많은 기여를 하고 싶은가? 다양한 혁신 활동 등에 좀 더 적극적으로 참여하고 싶은가?

육체적 건강 더 건강해지고 싶은가? 살을 빼고, 운동을 하고, 건강 식단을 시작하고 싶은가?

3) 목표 행동 정하기

개선하고 싶은 행동과 자신이 바라는 목표를 다시 한 번 살펴보자. 그런 다음 행동을 바꾸고, 목표를 달성하기 위한 구체적인 활동 목록을 만들자.

이러한 구체적인 활동 속에는 목표를 이루기 위한 작지만 실천적인 사항들이 들어 있어야 한다. '침대에 누워 있는 시간 줄이기'를 목표로 설정했다면, 늦어도 아침 7시에는 기상하고, 11시 이후에는 잠자리에 든다는 규칙을 포함시켜야 한다. 또는 '동료와 더 많은 시간을 보내겠다'는 목표를 세웠다면, 일주일에 한 번은 동료와 커피를 마시고, 2주일에 한 번은 동료와 함께 영화를 보러 가는 식으로 목록을 만들 수 있다.

활동들은 모두가 측정 가능하고 현실적이며, 시간적으로도 구체적이어야 한다. 이를테면 '더 행복해지기'와 같은 것들은 여기에 해당되지 않는다. 측정하기 어렵거나 시간적으로도 구체적이지 않기 때문이다. '2주일에 책 한 권 읽기' 같은 계획은 좋은 목표가 된다.

4) 계획 세우기

아래의 표로 일주일간의 계획을 세워보자. 그리고 자신이 원하는 구체적인 활동들이 무엇인지, 언제 달성할 것인지 확인해보자.

기간 :			
시간	계획한 활동	실제 활동	평가 (0 : 완전한 실패 ~ 10 : 완전한 성공)
오전 6시	기상		
오전 7시	책 읽기		
오전 11시	가족에게 안부 전화		

한 주가 끝나는 시점에서 이 표를 들여다보고 어떤 목표를 달성했는지, 어떤 목표를 달성하지 못했는지 점검하자. 달성하지 못한 목표는 그 원인을 확인하고 다음 주로 넘기자.

행동하는 방법이 다르다

- 계획을 세웠는데 행동을 미룬 경험이 있는가? 그 이유는 무엇인가?

- 말보다 행동이 인간관계와 일하는 데 중요한 이유는 무엇인가? 행동하기 위한 자신만은 전략은 무엇인가?

- 자신의 문제 행동을 진단하고, 구체적인 행동 목표를 세워서 실천해보자.

개인플레이보다 팀플레이를 하라

경영의 즐거움 중 빼놓을 수 없는 것이

약한 자들이 합해 강자를 이기고,

평범한 사람들이 합해 비범한 결과를 내는 것이다.

그것을 가능케 하는 것이 바로 팀워크다.

팀워크는 공통된 비전을 향해 함께 일하는 능력이며,

평범한 사람들이 비범한 결과를 이루도록 만드는 에너지원이다.

● 앤드류 카네기

영어에서 백치, 얼간이를 뜻하는 'idiot'는 그리스어 'idiotes'에서 나온 말이다. 아놀드 토인비는, "이디오테스는 자신의 재능을 일반의 복지를 위해 쓰지 않고 자기 혼자만을 위해서 사용하는 '사회적 죄악을 저지른 뛰어난 개인'을 뜻하는 말"이라고 했다. 자기만을 위해 혼자 일하는 직장인은 아무리 뛰어나다고 하더라도 백치, 얼간이가 될 수밖에 없다.

최근 조직에서는 어떤 문제가 발생하면 각각의 분야에서 전문가들이 모였다가 이를 해결하고 다시 헤어지기를 반복하는 '할리우드 방식'을 많이 활용하고 있다. 이 방식으로 일을 하면, 어떤 프로젝트에서는 자신이 리더가 되기도 하지만 또 다른 프로젝트에서는 멤버가 되기도 하기 때문에, 두 가지 역할 모두를 제대로 할 수 있어야 한다. 그러므로 '함께 일하고 싶은 사람'이 되기 위해서는 업무를 중심으로 다양한 사람들과 함께 팀을 이루고 관계를 유지해 나가는 팀플레이 능력을 키워야 한다.

'함께 일하고 싶은 사람'은, 한 사람의 능력이 아무리 뛰어나도 혼자서 할 수 있는 일에는 한계가 있다는 사실을 잘 알고 있다. 조물주는 한 개인에게 모든 일을 홀로 처리할 수 있는 능력은 주지 않았기 때문이다. 그런 의미에서는 세상 모든 사람이 공평하다. 아무리 잘난 사람도 혼자서는 팀플레이를 당해낼 수 없으며, 아무리 특출한 전문가라도 팀플레이 없이는 자신의 전문성을 발휘하지 못한다. 아무리 뛰어난 리더라도 팀플레이를 이끌어내지 못하면 인정받을 수 없다. '함께 일하고 싶은 사람'은 팀플레이를 통해 내가 할 수 없는 일을 할 수 있는 다른 사람들과 만나 더 큰 일을 이루어내는 것이다.

직장생활의 시작과 함께 너나 할 것 없이 부딪히는 문제가 바로 이 팀플레이다. 왜 팀플레이를 어려워할까? 이는 지금까지 받아온 교육제도에서 비롯된다. 학창 시절 내내 배운 것이 좋은 대학에 가려면 다른 사람보다 더 좋은 점수를 받아야 한다는 '무한 경쟁'이다. 홀로 외롭게 고군분투하여 좋은 대학에 입학했고, 원하는 직장에 취업도 했다.

그런데 직장에서는 대부분 동료나 선후배와 함께 팀을 이루어 일을 하기 때문에 직장에 들어오면 당연한 듯 팀플레이를 요구한다. 하지만 다른 사람과 함께 일하고 조율하고 분담하려니 관계도 일도 제대로 풀리지가 않는다. 한두 번 다른 사람과 일을 해본 뒤 그가 제대로 된 결과물을 내지 못하거나 속도가 늦어 자신의 기대에 미치지 못하면, 자신이 모든 일을 맡아서 처리해버리고 동료를 탓한다.

"잘되면 내 탓, 안 되면 조상 탓"이라는 말이 있다. 개인플레이를 하는 사람은 성공하면 '내 덕'이라고 하고, 실패하면 '동료 탓'이라고 한다. 즉 긍정적인 행동이나 사건은 내부적 요인으로 돌리고, 부정적인 행동이나 사건은 외부적 요인으로 돌리는 것이다. 예컨대, 평가를 잘 받아서 승진하면 '내 실력 때문'이라고 생각하고, 승진에서 누락되면 '조직이 공정치 못한 탓'이라고 생각한다. 이런 성향을 가리켜 '이기적 편향self-serving bias'이라고 한다.

매출을 달성하면 자신의 능력 덕분이라고 생각하고, 달성하지 못하면 자신이 통제할 수 없는 환경 요인 때문이라고 생각하는 것 역시 이기적 편향이다. 한마디로 말해서 자신에게 유리하게 사고하는 방식인데, 이는 자신의 자존감을 높이거나 방어하려는 욕구 때문에 생겨난다. 결국 개인플레이는 당장 성과를 낼 수는 있어도 그 다음이 문제가 된다. 이기적 편향을 가진 사람은 다른 사람과 함께 일하기가 어렵다. 동료들은 그의 능력은 인정할지라도, 같이 일하고 싶어 하지는 않는다.

조직적 성과를 개인적 성과에 비견할 수는 없다. 즉 개인플레이는 단기간에 목표량을 달성할 수는 있을지언정 조직 전체가 이루어야 하는 커다란 목표와는 엄청난 차이가 있는 것이다. 반면에 팀플레이는 당장의 성과는 미미할지 몰라도 조직의 잠재력과 가능성을 몇 십 배, 몇 백 배로 부풀어 오르게 한다. 미국 프로 풋볼의 만년 꼴찌였던 세인트루이스 팀을 슈퍼볼 우승팀으로 만든 딕 버메일 감독이 "조직을 승리로 이끄는 힘의 25%는 실력이고, 75%는 팀플레이다."라고 말했던 것도 이런 연유다.

다만, 팀플레이에도 한 가지 주의할 점이 있다. 바로 팀플레이를 수행할 때 개인의 공헌도가 분명히 드러나지 않는 상황이나 결과에 대한 책임감이 분명하지 않은 상황에서 나타나는 '책임감 분산' 현상이다. '사회적 태만social loafing'이라고 불리는 이 현상은, 최초로 발견한 프랑스의 농공학 교수 막시밀리앙 링겔망Maximilien Ringe-lemann의 이름을 따서 '링겔만 효과Ringelmann Effect'라고도 부른다.

1913년, 링겔만은 말들의 능력에 대해 연구하면서 수레를 끄는 말 두 마리의 능력은 한 마리 말이 끌 때 보여주는 능력의 2배가 되지 못한다는 사실을 밝혀냈다. 이 결과에 놀란 링겔만은 사람으로 밧줄 실험을 했다. 밧줄을 잡아당기게 하고 그 힘을 측정한 것이다. 사람도 말과 다를 바 없었다. 두 사람이 같이 밧줄을 잡아당

긴 경우에는 평균적으로 혼자 밧줄을 잡아당겼을 때 사용한 힘의 93%밖에 쓰지 않았다. 셋일 땐 83%, 여덟 명일 땐 49%에 불과했다. 이처럼 팀플레이의 구성원 수가 증가하면 증가할수록 개개인이 팀의 과업 수행에 기여하는 정도는 감소하는 것으로 나타났다.

사회적 태만은 사실상 '책임'의 문제다. 팀 속에서 각 개인의 기여도나 책임을 정확히 알 수 있다면, 그 누구도 태만을 범하려 하지 않을 것이다. 예를 들면 성과 평가 시 개인별로 기여도를 측정하고, 승진과 보상 체계에서도 성과에 따라 개인별로 다른 인센티브를 주는 시스템을 도입하는 것도 바로 이 때문이다.

하지만 그 어떤 시스템을 도입하더라도 팀원의 숫자가 많으면 정확한 평가가 어려워지므로, 팀원은 10명 이내의 소수일수록 좋다. 팀원이 적을수록 서로를 잘 알게 되고 친밀한 인간관계가 형성되기 때문에, 누군가 게으름을 피우면 금세 다른 사람들에게 정보가 알려진다. 동료들에게 게으른 사람이라는 평판을 얻게 되면, 바로 함께 일하기 싫은 사람으로 낙인이 찍힐 수도 있다.

'함께 일하고 싶은 사람'이 되기 위한 팀플레이의 조건을 정리해보자.

팀플레이를 위해 필요한 것
- 팀원 간의 이해와 배려
- 팀원 간의 신뢰와 믿음
- 개방적 의사소통

- 업무에 대한 책임감
- 뚜렷한 공동의 목표
- 효율적 업무를 위한 역할 배분
- 팀원 간 개성에 대한 존중

팀플레이를 해치는 것
- 팀원에 대한 부정적인 이야기를 일삼는 행위
- 무관심한 태도로 방관하는 개인주의적 행위
- 팀원 간의 불필요한 경쟁을 조장하는 행위
- 개인의 잘못을 모두의 앞에서 지적하는 행위
- 팀원의 성과에 슬쩍 무임승차하는 행위
- 독단적으로 업무를 진행하는 행위
- 갈등이 두려워 대화를 회피하는 행위

플레이 하는 방법이 다르다

- 개인플레이와 팀플레이의 사례를 찾아보자. 그 차이는 무엇인가? 어떤 결과가 있었는가?

____

____

____

- 회사에서 팀플레이를 하면 왜 좋은가?

____

____

____

- 팀플레이를 위해 필요한 것과 팀플레이를 해치는 것은 무엇인가?

____

____

____

Secret 17.

다름은 선택이 아니라 필수다

군자는 다양성을 인정하고 지배하려고 하지 않으며,
소인은 지배하려고 하며 공존하지 못한다.

● 신영복 『나의 동양 고전 독법, 강의』 중에서

새로움이란 세상에 없던 무언가를 창출해내는 것이 아니라, 세상에 있던 무언가를 창의적으로 활용하는 것이다. 기존의 것을 어떻게 창의적으로 활용하느냐는 관점의 변화에 달려 있고, 관점의 변화는 다양성에 대한 이해에서 출발한다. 나와의 '다름'을 인정하는 자세, 다양성에 대한 폭넓은 이해야말로 '함께 일하고 싶은 사람'의 대표적인 자질임은 앞서 말한 바 있다. '함께 일하고 싶은 사람'은 여기에서 한 발 더 나아가 자신만의 '다름'을 구축한다.

사회가 복잡해질수록 회사는 직업이나 업무의 특성에 맞는 다양한 '다른' 사람들을 요구하고 있다. 일 처리 방식이나 업무상 필요한 사람들과의 관계에서도 일반적 정답은 점점 사라지고, 각각의 상황이나 환경에 맞는 다양하고 차별화한 답들이 무한히 쏟아져 나오고 있기 때문이다.

'함께 일하고 싶은 사람'은 다양한 생각과 아이디어 중에서 최적의 아이디어를 적용하여 성공적인 결과로 이끄는 '다름'의 능력을 갖추고 있다. 그들의 '다름'은 기존 문제나 이슈를 새로운 관점으로 접근하여 혁신적 해결 방안을 마련함으로써 문제를 해결한다. 급변하는 환경에서 이제 '다름'은 '함께 일하고 싶은 사람'이 되기 위한 필수 조건이 되었고, 더욱 크게 성장하는 기반이 되고 있다.

'함께 일하고 싶은 사람'은 같은 환경에서도 남들과 다른 능력을 보여준다. 같은 상황을 놓고 달리 해석하기 때문이다. 왜 이런 차이가 생기는 것일까? 결론부터 말하자면, 생각의 개방성과 유연성, 타인의 다름을 인정하는 태도에 달려 있다.

'함께 일하고 싶은 사람'은 개방적이고 열린 사고로 가능한 한 많은 자극을 수용하고 반영하여 생각하는 반면, 우물 안 개구리처럼 폐쇄적이고 제한적 사고를 하는 사람들은 지각하거나 인식하는 자극 자체가 제한되기 때문에 결과적으로 다른 성과를 내는 것이다.

또한 '함께 일하고 싶은 사람'은 일단 지각한 자극을 다루고 처리하며 통합하는 과정에서도 생각의 유연성을 가지고 있다. 다양한 조합을 통해 색다른 아이디어와 차별화된 결론을 만들어내는 것이다. 이때 특히 중요한 것이 자신과 타인의 다름을 인정하는 태도이다. 다름을 인정하지 않으면 또 다른 고립을 낳을 수 있다. 다양성에 대한 열린 사고만이 자신의 '다름'을 가능케 하기 때문이다.

다양성에 대해 열린 사고를 지닌 '함께 일하고 싶은 사람'들에게는 두 가지의 공통된 특징이 있다. 하나는 호기심이 많고 탐색적이라는 점과, 또 하나는 새로운 것에 대한 지각과 경험에 즐거움과 흥미를 느끼는 능력이 뛰어나다는 점이다.

자신만의 '다름'을 가진 '함께 일하고 싶은 사람'이 되기 위해서는 다음의 세 가지를 명심하자.

1. 남에게는 없는 나만의 것을 찾아라

자신만의 '다름'을 갖기 위해 가장 먼저 점검해야 할 것은 '나의 강점은 무엇인가?'에 답하는 일이다. 나에게는 있고 남에게는 없는, 자신만이 할 수 있는 것을 찾아내 그것을 키우도록 노력해야 한다. 거기서 새로운 다름을 만들어낼 수 있고, 자신만의 핵심 스토리로 만들 수 있다. 그 스토리는 바로 히스토리가 되는 것이다.

2. 한 걸음 물러나서 관찰하는 능력을 길러라

자신만의 '다름'을 가져야 한다는 말은, 꼭 '무(無)'에서 '유(有)'를 만들어내라는 이야기가 아니다. 기존에 있던 것을 잘 관찰하는 행위만으로도 자신에게만 있는 무언가를 끄집어낼 수 있다. 사람은 누구나 한 걸음 물러나면 다르게 생각할 수 있는 능력을 갖추고 있는데, 이는 관찰력에서 비롯된다. 자신의 작은 특징 하나라도 그냥 보아 넘기지 말고, 한발 물러나 관찰하듯 지켜보면 자신만의 '다름'을 찾을 수 있다.

3. 통섭력을 키워라

한 가지 강점에 집중하여 능력을 발휘하는 것도 중요하지만, 자신만의 '다름'을 가진 '함께 일하고 싶은 사람'이 되기 위해서는 통섭通涉이 요구된다. 한 가지 강점에 머물지 않고 다양한 강점을 두루 갖추는 종합적인 통섭력을 키운다면 훨씬 뛰어나게 '다름'을 창출할 수 있다.

기존의 것들과 '다름'으로 성공한 대표적인 사례가 이름부터 독특한 〈썰戰-독한 혀들의 전쟁〉이라는 JTBC의 대표적 토크쇼 프로그램이다. 이 프로그램은 처음부터 끝까지 '다름'에 입각한 프로그램이다. 개성 강한 패널들이 오직 각자의 '다름'에 입각해 가감 없이 주장하고, 여느 토크쇼처럼 굳이 합의점을 찾지도 않는다. 다름에서 시작해서 다름을 인정하며 끝나는 프로그램인 것이다.

다름을 인정하는 방법이 다르다

• 함께 일하는 관계에서 다름을 인정하는 것이 왜 중요한가?

____

____

____

• 다른 사람과 다름으로 인해 불쾌했던 일 한 가지를 찾아보자. 어디서, 누가, 어떻게 했으며, 이를 통해 배운 점은 무엇인가?

____

____

____

• 다름을 인정하기 위한 자신만의 방법은 무엇인가?

____

____

____

자기 관리로 승리하라

하루에도 여러 번 나는 자신을 돌아본다.
해야 할 일은 충분히 실행하였는지,
친구들에게 신의를 잃는 행동을 하지는 않았는지,
내가 배운 것을 몸소 실행에 옮겼는지 말이다.

● 공자

교과서적 의미에서 똑똑한 사람이란 지능지수, 즉 IQ(Intelligence Quotient)가 높은 사람이다. 그들은 복잡한 문제를 풀 줄 알고, 또 상당히 논리적이다. 그런데 어느 시점부터인가 직장생활에서의 능력은 감성지수, 즉 EQ(Emotional Quotient)로 판단하게 되었다. EQ에는 자신을 절제하고, 다른 사람들과 효과적으로 관계를 유지할 줄 아는 능력이 포함되기 때문이다. 특히 EQ가 높은 사람들은 충동을 억제하는 데 능하며 스트레스 관리도 잘해서 자신의 기분을 상하게 만들지 않으며, 다른 사람에게 공감하는 능력 또한 뛰어나다.

'함께 일하고 싶은 사람'은 EQ가 누구보다도 발달되어 있다. 오죽하면 직장에서 "IQ가 높으면 취직하고, EQ가 높으면 승진을 한다."라는 말이 생겼을까. 상당히 일리가 있는 말이다. 대부분의 회사들은 그 문턱을 넘으려면 일정 수준의 지적 능력(IQ)을 보여주어야 하지만, 일단 취직이 되고 나면 성공에 더 큰 영향을 미치는 건 셀프 매니지먼트self management, 즉 자기를 관리하는 능력(EQ)이다.

어찌 보면 직장생활은 자기 관리에 더없이 좋은 울타리이다. 그 울타리 속에서 학습하고 경험하며 스스로의 경쟁력을 키워 나갈 수 있기 때문이다. 회사와 자신을 분리하고, 회사와 다른 목표를 지녔다는 건 결국 월급쟁이로만 살아가겠다는 뜻이다. 당연히 그런 관점에서는 고객을 만족시키는 새로운 접근이 나오기 어렵다. 누구에게나 직장은 동전의 양면과 같은 곳이다. 결국 남은 50%의 만족은 주도적 자기 관리에 달려 있다고 해도 과언이 아니다.

흥미롭게도 자기 관리는 아주 어린 시절부터 표가 난다고 한다. 스탠포드 대학교의 심리학 교수 월터 미셸Walter Mischel은 1966년에 만났던 653명의 네 살배기 꼬마들을 15년 후인 10대에 다시 만났고, 1981년 그 유명한 '마시멜로' 연구 결과를 발표했다. 마시멜로를 15분 동안에 먹지 않고 오래 참은 아이일수록 30초 만에 참지 못하고 먹은 아이들보다 가정이나 학교 등 삶 전반에서 훨씬 우수했고, 미국의 대학입학시험(SAT)에서는 또래들에 비해 평균 210

점이나 높은 성취도를 보였다. 심지어는 부모의 평가도 훌륭했다 (10대의 아이를 키워본 부모는 자기 자식이지만 10대 아이를 칭찬하기가 얼마나 어려운지 익히 알고 있을 것이다).

이후의 추적 연구는, 자기를 절제하지 못한 꼬마들이 비만, 약물 중독, 사회 부적응 등의 문제를 가진 어른으로 살고 있는데 반해, 자기 절제력을 발휘한 꼬마들은 성공한 중년의 삶을 살고 있음을 보고했다. 유사 연구들에 따르면, '마시멜로 효과'는 너무나 강력해서 지능지수보다도 더 예측력이 우수했고, 인종이나 민족에 따른 차이도 없었다.

지금 하고 있는 일이 매우 재미나지만 딱 그 일을 그만둘 수 있는 힘, 현재 하고 있는 일이 너무너무 지루하지만 그것을 계속할 수 있는 힘! 기다릴 수 있는 힘과 참는 힘, 이것이 바로 자기 관리다. 마시멜로 실험 결과는 어린 시절의 자기 관리가 다가올 삶의 질을 결정할 수 있음을 보여준다.

다이앤 타이스Dianne Tice와 토드 헤더튼Todd Heatherton은 『조절 실패Losing Contrl』에서 직장에서 자기 절제력이 뛰어난 관리자는 부하 직원이나 동료에게 인기가 많다고 밝힌 바 있다. 자기 관리가 뛰어난 사람은 공감 능력이 뛰어나, 다른 사람과 안정적이고 만족스러운 관계를 형성하고 타인의 관점에서 문제를 보려고 애쓴다. 감정적으로도 안정적이다. 불안이나 우울, 공포나 정신병적 경향, 강박 행동, 식이 장애와 알코올 문제, 기타 질병에 노출될 가능성도 적은 것으로 나타났다. 화를 내는 경우가 드물고, 화를 내더라

도 언어나 행동 면에서 덜 공격적인 성향을 보였다. 즉, 자기 관리
야말로 '함께 일하고 싶은 사람'이 되기 위한 핵심적인 포인트의
하나임에 틀림없다.

요즘 직장인은 어느 때보다 많은 유혹에 시달린다. 몸이야 정
해진 시간 동안은 어쩔 수 없이 직장에 매어 있지만, 마음은 전화
한 통화나 클릭 한 번만으로도 순식간에 옆길로 빠진다. 이메일이
나 페이스북을 체크하고, 잡다한 기사를 읽고 개인적인 일을 보느
라 일은 뒷전일 때도 많다. 컴퓨터 앞에서 일하는 사람은 보통 하
루에 12개가 넘는 웹사이트를 뒤적인다. 단 10분 동안의 주식 투
자로 1년 연봉을 훌쩍 뛰어넘는 돈이 날아갈 수도 있다. 유혹은 절
대로 사라지지 않는다.

로이 바우마이스터 교수와 동료 연구자들은 200명 이상의 남
녀에게 자동 발신 장치가 울리면(1일7회) 어떤 종류의 욕망을 느끼
는지, 그전에 어떤 욕망을 느꼈는지 적어보게 했다. 참여자의 절
반가량은 자동 발신 장치가 울릴 때마다 욕망을 느꼈고, 가장 보
편적인 욕망은 식욕이었다. 다음은 수면욕과 일에서 벗어나 쉬고
자 하는 욕망, 그 다음이 성욕으로 밝혀졌다. 이메일이나 소셜 네
트워크 사이트 확인, 음악을 듣거나 TV를 보고 싶은 욕망 등이 바
로 뒤를 이었다.

유혹을 뿌리치기 위해 자기 관리하는 방법도 다양했다. 가장 흔
한 방식은 관심을 다른 곳으로 돌리거나 새로운 행동을 하는 것이
었다. 간혹 유혹을 억누르거나 하던 일에 더 집중함으로써 유혹과

싸우기도 했다. 흥미로운 것은, 자기 관리를 동원해 유혹을 이겨
낸 경우는 절반 정도였다는 것이다. 50%에나 달하는 실패율이 상
당히 실망스럽다.

실패의 대표적인 아이콘이 다이어트다. 다이어트는 많은 사람
들이 해마다 하는 신년 결심이기도 하지만, 동시에 가장 실패를 거
듭하는 일이기도 하다. 미국의 유명 방송인 오프라 윈프리도 각고
의 노력에도 불구하고 체중 조절에 실패해 몸무게가 100kg을 넘는
다. 이를 '오프라 패러독스'라고 한다. 자기 관리가 뛰어난 사람조
차도 자신의 체중 유지에는 어려움을 느낀다는 얘기다.

사람들의 모든 심각한 문제는 자기 관리를 못한 데서 비롯된다.
게으름, 만성적 불안과 폭발적 분노, 건강하지 못한 식습관 등이
바로 그러한 예이다. 부족한 자기 관리는 온갖 종류의 개인적 비
극으로 이어지기도 하는데, 동료를 잃거나 함께 일하기 싫은 사람
이 될 수도 있다.

심리학자들은 인생에서 긍정적인 결과를 불러오는 개인적 특
성으로 지적 능력과 자기 관리를 꼽는다. 두 가지 요소 중 지적 능
력을 영구적으로 향상하는 비결은 찾지 못했지만, 자기 관리를 향
상하는 방법은 발견, 적어도 재발견했다고 할 수 있다. 찰스 다윈
은 『인간의 유래The Descent of Man』에서 "도덕적 문화의 정점은 우리
가 자신의 생각을 조절해야만 한다는 것을 깨달을 때 찾아온다."
고 했다. 각종 유혹으로 가득한 현대사회에서 길을 잃지 않고 자신
이 원하는 직장생활을 하려면 자기 관리가 절대적으로 필요하다.

‘함께 일하고 싶은 사람’에게 자기 관리란 “일을 통해 자기가 누구인지 알아가는 과정”이며, 자기 관리에 실패하는 이유는 “자기가 아닌 남이 되려고 하면서 시작”되는 것이라고 믿는다. 자기가 어떤 사람인지를 파악하고, 자기를 잃지 않는 범위 내에서 자기가 제일 잘하는 일을 자기답게, 최고를 지향하면서 이루는 것이 자기 관리의 핵심이다.

회사는 급성장하는데 자신만 성장이 멈춘 것처럼 느껴진다면 분명 자기 관리에 문제가 있는 것이다. 예컨대 회사의 목표가 글로벌 1위라면, 개인 역시 그 보폭에 맞추는 자기 관리가 필요하다. 그 보폭만 맞춰간다면 우리가 경력이라 말하는 조직생활 커리어는 개인에게도 엄청난 경쟁력을 가져다주기 때문이다.

지금 우리에게 필요한 건 바로 개인과 조직의 능력을 키우는, 자신만의 자기 관리 방법을 찾는 일이다. ‘함께 일하고 싶은 사람’은 이러한 자기 관리를 ‘숙제’라고 여기지 않고, 자기 관리를 위한 행위를 오히려 즐긴다. 그들처럼 자기 관리를 즐기기 위해서는 어떤 자세와 준비가 필요할까?

1. ‘우선순위의 법칙’을 충실히 따르라

우선순위의 법칙이란 꿈과 비전을 우선순위에 두고, 사소한 것을 후순위에 두는 것을 말한다. 자기 관리란 꿈과 비전을 위해 자신의 능력을 지속적으로 계발하고 발전시켜 나가는 과정이다. 중요한 것은, 자신의 능력에 맞는 일만 선택하는 게 아니라, 원대한 꿈과 비전을 위해 직책과 일에 맞는 능력을 지속적으로 계발해 나가야 한다는 점이다. 그런 과정에서 스스로 사사로운 일은 절제하게 된다.

'함께 일하고 싶은 사람'들은 철저하게 절제의 삶을 즐긴다. 즉, 자신의 꿈과 비전을 잃지 않고 항시 우선순위로 두기 때문에 사소한 것은 절제하며 몰입할 수 있는 것이다.

이때 필요한 것이 관리와 평가이다. 관리란 현상을 진단(측정)하고, 그 진단을 토대로 개선점을 발견하고 추진해 나가는 것을 말한다. 피터 드러커 교수 역시 "측정할 수 없으면 관리할 수 없다."고 말했다. 자기 관리도 마찬가지다. 관리와 평가가 없다면 자신의 꿈과 비전에 도달하기 어렵다. 즉, 자신의 꿈과 비전을 현실화시키는 핵심은 관리에 있다고 할 수 있다.

그런 면에서 '현재'는 자기 관리에 있어 중요한 지점이 된다. 너무 미래만 보는 사람은 실패할 확률이 크고, 과거에만 매달려 있으면 꿈과는 먼 삶이 된다. 그래서 속도가 아니라 어디를 보는지 방향이 중요한 것이다. 과거보다 못하거나 잘한 건 문제가 아니다. 다가올 미래를 걱정할 필요도 없다. 지금 현재의 내 모습과 행동을 바탕으로 하루하루를 평가하고, 피드백 해가며 관리해야 한다.

'함께 일하고 싶은 사람'은 지금 내가 하고 있는 일이 자신의 꿈과 비전에 일치하는가, 목표와 성과 관리가 지속적으로 이루어지고 있는가, 역량 향상을 위해 구체적인 방법을 생각하고 그에 따

라 행동하는가를 끊임없이 자신에게 되물어 꿈과 현실을 상시 평
가한다.

2. 남다른 태도를 추구하라

태도란 자기 인생, 자기 삶, 자기 조직을 어떻게 바라보느냐 하
는 '나침반'이라고 할 수 있다. 자기 일을 어떻게 받아들이고 바라
보는가에 따라 결과는 확연히 달라지기 때문이다. '함께 일하고 싶
은 사람'이 다른 사람들과 다른 점은, 인생과 일을 대하는 마음가
짐, 바로 '태도'에 있다. 그들은 자신이 원하는 것과 하고 싶은 일
이 확실하다.

무슨 일이든 스스로에게 떳떳하게 최고를 지향하고, 그 목표를
위해 포기하거나 타협하지 않는다. 자신에 대한 믿음 또한 확고하
고 자존감도 강해 스스로 한 약속은 끝까지 지키고자 노력한다. 그
러다 보니 어떠한 상황에서든 쉽게 휘둘리지 않는다. 혹시 실패를
하더라도 '나는 이런 사람이야', '나는 괜찮은 사람이야'라는 걸 스
스로 증명해낸다.

즉 '함께 일하고 싶은 사람'은 자신이 원하는 바를 정확히 알
고, 역경을 넘어서는 스스로에 대한 믿음, 실패에도 휘청거리지 않
는 열정적인 태도를 지니고 있다. 곰돌이 푸의 작가 밀른A. A. Milne
의 "나를 남과 다르게 만드는 것이 바로 나를 만드는 것이다(The
things that make me different are the things that make me)."라는

말을 기억해야 한다.

3. 난관에 부딪혔을 때의 대처법을 가져라

난관을 어떻게 판단하고 대처하느냐는 자기 관리 유지에도 중요한 부분이다. 난관을 그저 낭떠러지로 보는 사람과 미래를 위한 도약대로 보는 사람의 차이는 확연할 수밖에 없다. 이를 '회복 탄력성'이라고 하는데, '함께 일하고 싶은 사람'은 이 회복 탄력성이 높아서 자기 관리도 보다 유연하게 대응한다. 그들은 현실을 직면하는 능력과 삶의 역경에서 끊임없이 의미를 찾아내는 능력, 현재 상황에서 최선의 결과를 만들어내는 능력을 가지고 있다.

자기 관리는 평생 해야 하는 것이기 때문에 잠시 잘못했다고 실망할 필요는 없다. '함께 일하고 싶은 사람'은 오늘 자기 관리를 제대로 못했다면 내일 잘하면 된다고 여긴다. 작심삼일에 그쳤다고 자책하면서 중간에 포기하지 않는다. 작심삼일에 그친 원인을 찾아내고 목표를 다시 세운다. 그리고는 혁신적인 자기 관리를 위해서 철저한 자기 분석과 현실 점검, 새로운 목표를 위해 과제를 실천하는 추진력을 키운다. 자기 관리 속에는 철저한 전략이 동반되어야만 긍정적인 미래를 꿈꿀 수 있기 때문이다.

지금 당신이 서 있는 그 자리가 바로 자기 관리의 전략 기지가 된다. 그렇다면 지금 당신은 어디에 서 있는가? 전략적 자기 관리를 위해서 현재 나의 위치는 어디인지, 어디를 향해 가고 있는지 구체적으로 살펴보아야 한다. 그리고 현재 내게 부족한 점과 이를 위해 지금까지 내가 무엇을 해왔는지, 앞으로 무엇을 해야 할지에 대해서도 고민해야 한다.

이런 과정을 거쳐야만 자신의 현재 위치를 올바르게 관찰할 수 있으며, 과거 자신의 모습부터 지금까지의 자신을 객관적인 관점에서 바라볼 수 있게 된다. 이는 일시적 전략으로 끝나는 것이 아니라, 평생의 자기 관리를 이루는 데 도움을 준다. 특히 자기 성찰은 자신의 경력에 따라 평생 맞춤 평가해야 한다는 사실도 꼭 명심하자.

'함께 일하고 싶은 사람'은
자기 관리하는 방법이 다르다

시기별 자기 관리 전략 짜기

출발기

입사 3개월. 사회의 첫 직업이 평생의 직업을 좌우하므로 3개월간의 경험과 학습을 통한 결심이 필요하다. 또한 이것을 실천하였는지 되돌아보자.

진입기

경력 3년. 경력 직업인으로 인정받을 수 있는 최소 기간이자 자기 성찰의 기간이다. 이 기간부터 경력이라는 태그tag를 붙일 수 있다. 따라서 직장의 일원으로 자리매김을 했는지 평가해보자.

발전기

경력 10년. 전문가가 되기 위한 수련기이며, 전문가로서 경력을 인정받을 수 있는 기간으로, 자기 브랜드의 밑그림을 그리는 기간이다. 따라서 '당신은 전문가입니다'라는 인식을 심어주었는지 체크해보자.

___

도약기

경력 15년. 자기 독립 선언을 위한 준비기이기 때문에 전문가의 관리 능력을 갖추어야 한다. 더불어 자기 브랜드의 기초를 완성할 시기이다. 조직 구성원으로 남아 있을 것인지, 아니면 새로운 독립적 직업 또는 사업체를 구성할 것인지에 대해 생각해보자.

___

성숙기

경력 30년. 삶의 질 향상을 위한 안정기로, 사회적 인정과 존중을 받을 수 있도록 최선을 다해야 한다. 사회적 네트워크와 평생 작업을 완성하는 시기로, 생의 관리에 있어 사회적 삶을 완성시켜야 한다. 후회 없는 자신의 모습을 그려보자.

___

Secret 19.

멀리 가려면 함께 가라

영원히 살 것처럼 꿈을 꾸고 내일 죽을 것처럼 오늘을 살아라.

Dream as if you'll live forever, Live as if you'll die tomorrow

● 제임스 딘

직장에서 혼자 할 수 있는 일은 한정되어 있고, 대부분의 일은 동료와 협력해야 한다. 그래서 동료들과의 관계가 원만하지 못하면 일의 성과에도 큰 영향을 미치게 된다. 반대로 좋은 관계를 가지고 있다면 기대 이상의 결과를 불러온다. 이처럼 자신도 모르는 사이에 적을 만드는 사람과 마음이 통하는 동료가 자연스럽게 늘어나는 사람은 결과물 또한 다를 수밖에 없다.

'함께 일하고 싶은 사람'은 동료와 좋은 관계를 만들고 동료의 능력을 제대로 이끌어낼 줄 안다. 그리하여 혼자만의 경험과 능력으로는 달성할 수 없는 위대한 일도 종종 이루어낸다. 그러므로 지식이나 경험이 부족하고 능력도 충분하지 못한 신입사원에게 좋은 인간관계를 구축하는 것은 직장생활의 첫걸음이라고 할 수 있다. 이를 위한 밑바탕은 바로 '누구에게나 호감을 얻는 사람'이 되는 것이다.

예를 들면, 지금부터 몇 년 후에 당신이 프로젝트 리더가 됐다고 가정해보자. 상사는 팀에 신입사원 한 명을 참여시켜 일을 가르치라고 지시했다. 신입사원은 모두 5명이다. 지식이나 경험은 도토리 키 재기인데, 그중 한 명만 찾아와 궁금한 것을 물어보고 도움을 요청하고 감사를 표현했다. 이럴 때 당신은 누구를 선발하겠는가? 선발되지 못한 나머지 신입사원들은 프로젝트 리더의 기분을 전혀 이해하지 못한다. 왜 그 동기가 뽑히게 되었는지 의문스러워하며 공평하지 못하다고만 생각할 것이다.

직장은 사람과 사람이 일하는 장소이다. 기회를 주는 데는 경험이나 능력이 전제되겠지만, 사람이 하는 일인지라 감정적인 판단이 더해지는 것은 어쩔 수가 없다. 그가 즐거운 사람인지, 배울 점이 있는 사람인지, 발전적인 자극을 주는 사람인지에 따라 더 많은 기회를 주게 되는 것은 당연한 일이다. 그러므로 '호감을 얻는 능력'을 익히는 것은 '함께 일하고 싶은 사람'이 되기 위한 필수 조건이라고 할 수 있다.

'함께 일하고 싶은 사람'은 호감을 얻기 위해 의식적으로 자신의 인격을 갈고 닦는다. 의식적인 행동이 습관을 만들고, 습관이 인격을 만들기 때문이다. 그렇다면 '함께 일하고 싶은 사람'들의 어떤 부분이 상대에게 강한 호감을 심어주는 것일까? 답은 멀리 있지 않다. 직장생활에서 자신이 어떤 상황에서 기뻤는지 또는 싫었는지를 생각해보면 답은 이미 나와 있다. 즉 역지사지易地思之의 마음을 가지면 되는 것이다. 즉 자신이 받아서 기뻤던 일을 남에게 해주고 반대로 싫었던 일은 그만두면 된다.

자, 이제 내가 실천해야 할 목록을 한 번 만들어보자. 단 목록을 만들 때는 구체적인 장면을 떠올리며 '어떤' 상황에서는 '무엇을', '어떻게' 한다는 식으로 자세히 적는다. 예를 들어 인사하는 법을 의식적으로 고치고 싶다면 '단정하게 인사를 한다'라고 단순하게 적어서는 안 된다. 누군가를 만났을 때는 '내가 먼저', '눈을 맞추고', '웃으며' 인사를 한다는 식으로 어떻게 행동할지를 구체적으로 정하는 것이 중요하다. 그리고 이를 직장생활 속에서 의식적으로 실천해서 습관으로 자리를 잡았다면, 당신을 보는 동료들의 눈이 달라져 있을 것이다.

'함께 일하고 싶은 사람'은 자신이 실천할 목록을 작성하여 직장생활 속의 행동 기준으로 삼아서 충실히 지키고, 제대로 하고 있는지를 매일 확인한다. 그들이 실천하는 주요 목록은 다음과 같다.

- 동료를 만났을 때 내가 먼저 눈을 맞추고 웃으며 인사한다.
- 무엇을 사러 갈 때 동료에게 오는 길에 사다 주겠다며 필요한 것이 있는지 묻는다.
- 문을 열거나 엘리베이터 탈 때 문을 열어주거나 엘리베이터에 상대가

탈 때까지 열림 버튼을 눌러 기다려준다.

- 업무 중에 말을 걸어오면 하던 일을 멈추고 상대방 쪽으로 몸을 돌려 상대의 얼굴을 보고 대화를 한다.
- 회식을 마치고 돌아갈 때 자리에 놓고 가는 물건이 없는지 확인하고, 상사나 동료가 택시나 지하철 타는 것을 확인한 후에 돌아선다.
- 퇴근하기 전에 아직 남아 있는 사람에게 자신이 도울 일은 없는지 묻는다.
- 식사하러 갈 때 아직 남아 있는 주위 동료에게 같이 가자고 권한다.
- 식사 전에 같이 간 상사나 동료의 수저를 먼저 놓거나 물을 따라준다.
- 누군가에게 도움을 받았다면 다음날 아침에 고맙다는 말을 전한다.
- 상사가 부르면 반드시 노트와 펜을 가지고 간다.
- 상사나 동료의 생일을 알게 되면 바로 수첩에 적고 생일 당일에는 문자 한 통이라도 꼭 보낸다.

'함께 일하는 사람'들이 실천하는 행동 목록의 공통점은 무엇일까?

1. 주는 것으로 만족한다

'함께 일하고 싶은 사람'은 주고받기가 아니라 주는 것으로 만족한다. '도움을 주면 언젠가는 더 큰 것으로 돌아온다'는 마음가짐으로 직장생활을 하기 때문에 무언가를 얻을 수 없는 경우에도 기꺼이 도움을 준다. 보상을 받으려는 생각에서 벗어나 '도움 주기'에만 집중한다면 '동료를 기쁘게 하는 즐거움'을 직접 체험할 수 있다. 보답이 아니라 도움을 주는 것 자체가 최대의 즐거움이 되기 때문이다. 이런 행동 기준이 정착되면 직장에서 호감을 얻는 인격을 갖추게 된다.

2. 마음을 열고 호의를 표현한다

인간은 자기를 좋아해주는 사람을 좋아한다. 즉 동료가 자신을 좋아하고 있다는 걸 알게 되면 상대를 무시할 수 없는 속성이 있다. 호의는 반보성返報性을 가지게 한다. 반보성이란 호의에 대한 감정의 균형을 맞추려는 심리 작용이다. 즉 상대방이 나를 좋아해주기 바란다면 내가 먼저 상대를 좋아해야 한다는 말이다. 아직 호의를 전하지 못한 상사나 동료가 있다면, 무엇이든 좋으니 행동으로 옮겨 호의를 전달해보자. 그러면 곧바로 긍정적인 반응이 올 것이다.

3. 감사의 마음으로 대한다

직장생활을 하면서 상사나 동료가 기뻐하는 모습을 본 적이 있는가? 비록 별것 아닌 일이라도 누군가 신경을 써주고 감사하는 마음을 전했을 때, 그들은 함박웃음을 지었을 것이다. 인간은 자신을 위해 마음을 써주는 사람에게 호감을 느낀다.

가장 가까운 부모에게 감사의 말을 확실하게 전한 지가 언제인가? 누구나 부모님이 안 계셨다면 자신은 존재할 수 없었다는 사실을 알면서도 우리는 쑥스러움을 핑계로 '사랑한다'거나 '고맙다'

는 말을 지나치고 만다.

　상사나 동료에게 감사했던 일들을 차분히 되돌아보자. 그리고 진심을 담아 감사 인사를 전해보자. 감사하는 마음이 쌓여가는 사이, 그 위대한 힘을 느낄 수 있을 것이다.

함께 가는 방법이 다르다

- 직장생활을 하며 자신이 어떤 상황에서 기뻤는지 또는 싫었는지를 생각해보자. 그 이유는 무엇인가?

- 동료에게 친절을 베푸는 습관을 갖게 되면 내 직장생활은 어떻게 달라질까?

- 오늘 당장 베풀 수 있는 친절 세 가지를 만들어 실천하자.

Secret 20.

뒷담화의 뒷맛은
전혀 달콤하지 않다

성공의 법칙 중에서 가장 중요한 요소는,
인간관계를 만드는 핵심을 아는 일이다.

● 프랭클린 루즈벨트

밤의 호수는 조용하지만 가만히 달빛으로 들여다보면 끊임없이
요동치는 표면의 물결이 보인다. 직장생활이 바로 그 밤의 호수와
같다. 앞에서는 듣기 좋은 말들로 가장하지만, 그 사람이 없으면
뒷말이 총탄처럼 날아다닌다. 오죽하면 직장생활을 떠올리면 으레
가장 먼저 생각나는 단어가 '뒷담화'일까.

한 온라인 취업포털 사이트에서 직장인 1,913명을 대상으로 한
설문조사에 의하면, 80% 이상이 '직장 내에서 뒷담화 경험이 있
다'고 답했다고 한다. 뒷담화 소재는 주로 '상사의 리더십'과 '동료
에 대한 험담'이었는데, 그 이유가 흥미롭다. 업무에서 오는 스트

레스를 풀고 대인관계에서 누적된 불만을 분출하기 위해 '뒷담화를 한다'고 털어놓은 것이다.

누군가 들을까 주변을 살피고, 목소리를 낮추면서도 사람들은 왜 뒷담화에 빠지는 걸까?

우선 뒷담화는 대인관계에서 겪는 스트레스를 해소시켜주기 때문이다. 누군가에게 불쾌한 감정을 털어놓게 되면 속이 후련해지는 '정서적 환기 효과Emotional Ventilation Effect' 덕분이다.

또 하나는, 뒷담화를 하는 사람끼리 친밀감과 동질감이 높아지기 때문이다. 공동의 적이 눈앞에 보이니 '우리는 한 편'이라며 뭉치게 된다. 대개 뒷담화를 즐기는 사람들은 조직 내에서 정당한 방식으로 자신의 의견을 표출하기 어려운 경우가 많다. 조직 상명하달 체계가 너무 강해 아랫사람들이 제대로 기를 펴지 못할 경우에도 뒷담화는 성행하게 된다.

심리학자 프리츠 하이더Fritz Heider가 내놓은 '균형이론Balance Theory'이라는 것이 있다. 인지적 불균형 상태가 긴장을 형성하고, 인간은 이를 다시 균형 상태로 되돌리려는 강한 본능을 갖게 된다는 것이다. 균형 이론은 나와 상대방, 그리고 제3자 혹은 물리적 대상이나 사건을 놓고 설명할 수 있다.

예를 들어, 세 명의 과장이 있다고 생각해보자. 이때 세 사람이 모두 잘 지내면 좋겠지만, 박 과장과 이 과장이 함께 김 과장을 미워하고 성토하면, 둘은 이내 서로 동질감을 느끼면서 빠르게 친해진다. 더불어 '비밀을 공유하는 우리는 서로 믿을 만한 특별한 사이'라는 느낌도 받는다. 게다가 두 사람은 김 과장에 대한 험담을 하는 순간 묘한 쾌감도 느낀다.

마지막으로, 뒷담화는 일시적으로나마 자긍심을 느끼게 해주기 때문이다. 우리는 자기 자신을 평가하기 위해 다른 사람과 비교하는 과정을 거치는데, 이렇듯 다른 사람과 비교하려는 욕구를 '사회 비교 이론Social Comparison Theory'이라고 한다. 즉, 다른 사람과의 비교 과정에서 자신이 더 우월하다고 생각되면 자긍심이 높아지지만, 반대로 다른 사람보다 자신이 더 열후劣後하다고 판단되면 자긍심이 저하되는 것이다.

심리학자 모스라 교수는 입사 지원자들을 두 팀으로 나누어 면접을 보게 했다. A팀은 잘생기고 유능한 지원자들과 함께 면접을 보게 했고, B팀은 외모도 별로이고 무능한 지원자들과 면접을 보게 했다. 놀랍게도 일시적인 비교에 의해서도 자긍심에 변화가 일어났다. 유능한 지원자들과 면접을 본 A팀은 자긍심이 현저히 떨어졌지만, 무능한 지원자들과 면접을 본 B팀은 눈에 띄게 자긍심이 높아졌다. 이 결과가 흥미로운 건, 인간은 누군가를 비하시키면서 상대적으로 자긍심을 고양시킬 수 있다는 사실 때문이다.

상대의 단점을 찾아 험담하고 비하시키면 자신은 상대적으로 우위에 설 수 있고, 순간적으로 자긍심도 높아진다. 그래서 험담이 나쁘다는 사실을 알면서도 대부분의 사람들은 뒷담화에 빠져드는 것이다.

그렇다면 뒷담화의 정확도는 얼마나 될까? 하버드 대학교의 존

파운드와 리처드 제하우저는 《월스트리트 저널》 칼럼에 실린 42개의 소문들을 수집하여 진실 여부를 추적했는데, 이 가운데 고작 43%만이 사실인 것으로 확인되었다. 커뮤니케이션 연구자인 샌포드 와인버그도 미시간 대학교의 앤아버 캠퍼스에서 직원들의 파업과 관련한 소문을 연구했다. 소문 중 16.2%만이 진실이었고, 77.4%는 거짓인 것으로 나타났다. 나머지는 진실인지 아닌지의 여부조차 판명할 수 없었다. 즉, 뒷담화는 믿을 수 없다는 뜻이다.

이처럼 뒷담화는 그 내용은 근거나 출처가 모호하거나 사실이 아닌 경우도 많기 때문에, 지나친 뒷담화는 직장 내 갈등을 조장할 수도 있다. 게다가 지나치게 잦은 뒷담화는 험담의 대상이 되는 사람뿐 아니라 자신에게도 부정적인 영향을 미칠 수 있으므로 주의가 필요하다. 가장 큰 문제는 자신의 마음이 부정적인 생각들로 채워진다는 것이다. 실제로 다른 사람을 험담하고 나서 기분이 좋아지기보다는 더 나빠지는 경우가 많다. 험담에 동조한 사람을 바라보면서 '분명 다른 사람 앞에선 내 험담을 저렇게 하겠지'라고 생각하게 되고, 그 사람을 더욱 멀리하게 될 수도 있다.

또한 험담은 아무리 비밀이라며 속삭여도 누군가의 입을 통해 돌고 돌다가 결국에는 '험담의 주인공'의 귀에 흘러 들어가는 법이다. 앞에서 하는 말과 뒷전에서 하는 말이 다르다는 사실을 알게 되면 당사자는 당연히 배신감을 느낀다. 다른 사람을 통해 전해들은 칭찬이 최고인 만큼, 다른 사람을 통해 전해들은 험담은 최악이기 때문이다.

특히 뒷담화의 대상은 대부분 상사인 경우가 많은데, 만약 상사가 어떤 경로로든 뒷담화의 내용을 알게 된다면 사내 인간관계에 치명적인 흠집을 남기게 된다. "비판 받고 싶지 않다면 비판하자 말라!"는 말처럼, 직장생활이 아무리 괴롭고 스트레스가 쌓인다 하더라도 뒷담화로 푸는 버릇을 들이면 곤란한 이유가 여기에 있다.

'함께 일하고 싶은 사람'은 뒷담화의 대상보다는 일어난 사실에 초점을 두고 대화에 공감하며, 이야기의 주제를 자연스럽게 다른 방향으로 전환시키는 지혜를 가지고 있다. 언제나 말을 하기 전에 '그 사람이 지금 옆에 있어도 이 말을 할 수 있을까?'라고 자문하고, 면전에서 할 수 없다면 뒷담화를 하지 않는다.

사실 뒷담화에 참여하는 주요 이유가 회사 상황 및 타인에 대한 정보 확보를 통한 불안감 해소와 동료 간 친밀감 형성이라는 점을 생각하면, 사내 소통이 원활해지도록 공식적인 커뮤니케이션을 활성화하는 노력을 기울여야 한다. 지금까지는 눈치 보며 속삭였던 뒷담화 문화를 이제는 건전한 소통문화로 바꾸어야 한다.

뒷담화에 대응하는 우리의 자세 5가지

1. 적당한 선에서 마무리하라

물론 우리는 뒷담화를 필요로 한다. 비빔밥을 비비는 데 고추장이 필요하듯, 여럿이 일하는 곳에 자연스럽게 녹아들기 위해서는 매개체가 필요하다. 누군가에 대해 평가하면서 맛볼 수 있는 즐거움과 위안도 빼놓을 수 없다. 또한 적당히 선을 지키는 뒷담화는 조직문화를 개선하는 데 도움을 주는 장점도 있고, 뒷말이 일종의 치료제 역할을 한다는 연구 결과도 있다(University of California, Berkeley 2012). 하지만 뒷담화의 뒷맛은 전혀 달콤하지 않다. 씹고 뜯고 맛보고 나면 뱃속이라도 그득해져야 할 텐데, 오히려 불안해진다. 험담의 당사자가 나타나면 얼굴 근육도 제어해야 하고, 나 역시 험담의 주인공이 될까 두렵다. 함께 뒷담화를 해놓고는 자신이 한 이야기는 쏙 빼놓고 당신이 한 이야기만 상사에게 전달하는 인간도 있으니, 동료의 뒤통수도 조용히 주시하게 된다. 그러니 뒷담화에 휩쓸리지 않고 적당히 대처하는 기술이 필요하다. 집단적으로 누군가를 성토하는 분위기가 되었더라도, 그에 적극 동참하기보다는 중립적인 패를 보여주는 게 안전하다. 문자를 확인하는 등 다른 행동을 하면서, 자리에는 참여하되 동조는 하지 않는 것도 추천할 만한 방법이다.

2. 뒷담화 주도자에게는 공감을

적극적인 동조도 곤란하지만, 뒷담화를 주도하는 이를 비판하거나 불편하게 하는 것도 좋지 않다. 그들의 심기를 거슬러 좋을 게 없다. 애초에 감정이 상하거나 불만이 쌓여 뒷담화를 주도하는 경우가 많은데, 이때 '부장님이 그러실 분이 아니다'라는 말을 듣거나 '부장님은 잘못한 것이 없다'는 말을 들으면 이미 폭발 직전인 그의 감정은 자신을 부정하는 자, 즉 당신에게로 향한다. "아, 그렇게 느껴질 수도 있겠네요."
라면서 당사자의 느낌에 공감하고 존중하는 태도를 취하는 것이 화를
피하는 방법이다.

3. 이 회사, 괜찮은 거 맞아?

배가 흔들리면 선원들도 흔들린다. 뒷담화의 수위가 지나치게 높으면,
회사를 점검하자. 자금 사정이 불안하다든가, 못 말리게 비합리적인 중
간관리자가 있다든가, 이유 없이 직원을 해고하는 것 등은 뒷담화의 수
위가 가파르게 변하는 원인이다. 사회학자인 게리 앨런 파인Gary Alan
Fine은 어린 학생들 사이에서 소문이 어떻게 퍼지는지를 연구했다. 소
문의 내용은 캔디를 탄산음료와 함께 먹으면 위가 폭발한다는 허황된
것이었다. 하지만 불안한 상황에 있던 학생들은 소문을 가감 없이 받아
들였다. 즉, 사람들은 불안한 상황에서는 소문에 쉽게 흔들렸다. 뒷담
화가 심한 회사에 들어왔다면, 회사의 자금운용이나 직원에 대한 대우
를 검토해보자. 이직을 고려해야 할 수도 있다.

4. 들키지 않도록 조심!

뒷담화를 할 때야 즐겁지만, 내용이 밖으로 새어나가거나 본인 귀에 들
어가면 상황이 복잡해진다. 직장의 생명이 위태로워지거나 법의 소환
을 받을 수도 있다. 부서장이 사건 처리를 무마하는 대가로 금품을 수
수했다고 동료들에게 흘렸다가 고소당한 직원도 있었고, 사내 메신저
로 험담을 늘어놓은 뒤 자리를 비운 사이, 그의 자리를 뒤져본 상사가

채팅 내용을 낱낱이 읽는 바람에 곤란해진 직원도 있었다. 드물지만 주먹질이 오가는 경우도 있다.

5. 지나친 뒷담화는 독이다

왜 당신만은 열외라고 생각하는가? 뒷담화에는 인정도 의리도 없다. 축구공은 둥글고, 뒷담화의 희생자도 비합리적인 상사와 잘난 동료로 국한되지 않는다. 내가 타깃이 아니라며 안심하는 사이 화살표는 돌고 돌아 내 쪽으로 온다. 뒷담화가 지나치면 조직 내 불협화음만 커진다. 오징어를 질겅질겅 씹으면 처음의 즐거움은 사라지고 턱만 아프듯. 지금 휴게실에서 '저 친구는 이래서 문제'라는 말이 흘러나오고 있는데, 자신이 아는 사실과 다르고 이를 뒷받침할 근거도 있다면 일침을 놓아 해당 루머를 진정시키자. 또한 분위기를 보아 뒷담화 횟수를 줄이는 데 힘을 써보자. 빠질 수 없어 잠자코 있었던 사람들의 동조를 얻을 수 있을 것이다. 호수에 작은 돌을 던져본 적이 있다면 알 것이다. 물결의 방향을 바꾸는 것은 어렵지 않다.

출처: 매일경제 Citylife 제396호(13.10.01일자)

 함께 일하고 싶은 사람은 1%가 다르다

'함께 일하고 싶은 사람'은
뒷담화하는 방법이 다르다

• 사람들이 뒷담화에 빠져드는 이유는 무엇인지 세 가지만 찾아보자.

• 최근에 당사자가 없는 데서 험담했던 일을 한 가지 떠올려보자. 그 말
  이 상대방에게 전해진다면 어떤 결과가 일어날까 생각해보자.

• 누군가 먼저 시작해서 어쩔 수 없이 뒷담화에 끌려들어가는 상황에 효
  과적으로 대처하려면 어떻게 해야 할까?

Secret 21.

감정을 관리하라

매일 아침 기대와 설렘을 안고 하루를 시작할 수 있게 하소서.

항상 미소를 잃지 않게 하시어

나로 인하여 남들이 얼굴 찡그리지 않게 하소서.

상사와 선배를 존경하고

아울러 동료와 후배를 사랑할 수 있게 하시고,

아부와 질시를, 교만과 비굴함을 멀리하게 하소서.

작은 일에도 감동할 수 있는 순수함과

큰일에도 두려워하지 않는 대범함을 지니게 하시고,

적극적이고 치밀하면서도 다정다감한 사람이 되게 하소서.

자기의 실수를 솔직히 시인할 수 있는 용기와

남의 허물을 따뜻이 감싸줄 수 있는 포용력과

고난을 끈기 있게 참을 수 있는 인내를 더욱 길러 주옵소서.

● 「어느 직장인의 기도」 중에서

일을 할 때는 머리와 가슴, 즉 이성과 감정이 모두 개입되는데도 "넌 너무 감성적이야!", "이성적으로 행동해!", "감정적으로 일을 처리하지 마!" 등 주로 감정에 관한 말을 많이 듣는다. 이런 말에는 '합리적인 사고와 행동을 방해하므로 감정은 억누르고 통제해야 한다'는 인식이 강하게 전제되어 있다. 또한 대부분의 사람들은, 동료의 마음을 상하게 하지 않고 관계를 계속 유지하기 위해서는 감정을 드러내지 않고 참아야 한다고 생각한다.

누구도 감정에서 자유로울 수 없다. 하지만 감정이 무엇인지 제대로 알고 있는 사람은 드물다. '감정emotion'이라는 단어는 '움직이다'라는 뜻의 라틴어 동사 'motere'에 '떠나다'의 뜻을 내포한 접두사 'e'가 결합된 것으로, 이는 행동하려는 경향성이 모든 감정에 내재되어 있음을 시사한다.

캐나다의 신경학자 도널드 칸Donald Calne이 "이성은 결론을 낳지만, 감정은 행동을 낳는다."고 말한 이유가 여기에 있다. 즉 행동하려는 이유가 감정이고, 이유 없는 감정은 없다는 말이다. 감정이 느껴진다면, 분명 이유가 있다. 다만 이를 무시하거나 모르고 있을 뿐이다. '함께 일하고 싶은 사람'이 되기 위해서는 자신이나 동료가 느끼는 감정을 알아차리고, 그 감정이 제공하는 정보를 활용할 수 있어야 한다.

인간은 감정을 마음속에 오래 담아두고 살지 못한다. 어느 순간에는 쌓여 있던 감정이 폭발하게 마련이다. 직장생활에서도 감정이 폭발해서 관계를 망치고, 일을 망치는 경우가 종종 있다. 그러면 함께 일하고 싶은 관계를 계속 유지하기가 어렵게 된다. 그래서 직장인들은 '어떻게든 감정을 억눌러야 해', '감정을 드러내는 건 내가 성숙하지 못하다는 것을 의미해'라고 생각한다. 감정을 드러내지 않고, 최대한 이성적으로 보여야 함께 일하고 싶은 관계를 유지할 수 있다고 생각하기 때문에 직장인들에게 감정이 부정적으로 인식된 것이다.

하지만 과연, 직장생활에서 감정은 부정적인 것일까? 결론부터 말하자면, 결코 그렇지 않다. 다만 감정을 어떻게 다루느냐에 따라 자신에게 이로울 수도 있고, 해로울 수도 있는 것이다. 대부분의 사람들은 자신이 잘 다루지 못한다는 사실을 인정하지 못하고, 감정 자체를 두려워하고 불편해 한다.

"감정은 이성을 방해하는 비합리적이고 본능적인 것이다.", "감정은 억누르고 통제해야 한다.", "다른 사람에게 감정을 드러내서는 안 된다." 같은 말은 감정을 제대로 이해하지 못하는 데서 기인한 것이다. 만약 감정이 하고 있는 일이나 관계에 부정적인 영향을 미쳤다면, 그 원인은 감정이 아니라 감정을 다루지 못한 당신에게 있다.

직장인들은 대부분 동료가 어떤 감정을 느끼고 있는지 잘 알지 못하고, "감정이 참 복잡하다."는 말만 자주 한다. 심지어는 자기의 감정 상태가 어떤지 표현 못하는 경우도 있다. 그것은 감정의 유형이 셀 수 없이 많기 때문이다. 영어에는 감정을 표현하고 나름의 뉘앙스를 가진 단어가 족히 1천 개는 된다. 이처럼 수없이 다양한 감정들을 어떻게 정리해서 생각할 수 있을까? 게다가 사람들은 똑같은 일을 겪어도 확연히 다른 감정적 반응을 보인다. 똑같은 수준의 기쁨을 느껴도 행복에 겨워 온몸으로 기쁨을 표현하는 사람이 있는 반면, 살짝 미소만 짓거나 눈만 깜박이는 사람도 있다.

감정이란 자신의 관심사나 목표와 관련이 있을 때 생기는 것이지, 관심이 없으면 감정 또한 생기지 않는다. 가령 동료가 퇴근 후 잠깐 만나자는 전화를 했다고 가정해보자. 평소 관심이 없는 사람이라면 별 감정 없이 그저 궁금한 정도겠지만, 평소에 관심을 가지고 있던 사람이라면 전화를 받는 순간부터 설레고 퇴근이 기다려질 것이다.

이처럼 감정은 어떤 자극이나 상황이 자신의 관심사·욕구·목표와 관련되어 있을 때 뇌에서 내리는 평가이다. 그 자극이나 상황은 어떤 말 한마디나 몸짓일 수도 있고, 상황일 수도 있으며, 무심코 떠오른 생각이나 이미지일 수도 있다. 이런 사건이나 자극이 자신의 목표를 이루는 방향으로 작용할 때는 즐겁고 흥분되는 긍정적인 감정을 느낄 것이고, 반대로 목표에 방해가 되는 방향으로 작용할 때는 실망이나 불안, 화가 나는 등의 부정적인 감정을 느낄 것이다.

관심이 없다면, 욕구가 없다면, 바라는 것이 없다면 감정은 느껴지지 않을 것이다. 어떤 감정을 느끼고 있다면, 그건 분명 마음속으로 바라는 무언가가 있기 때문이다. 따라서 감정은 행동하려는 '충동'이며, 이는 '느껴본 경험felt experience'에서 비롯된다. 즉, 감정은 느끼는 것이지 생각하는 것은 아니라는 말이다.

일을 할 때는 감정을 갖지 말라거나 확실히 통제하라는 충고를 받는다. 그러나 물론 이러한 충고는 아무런 도움도 안 된다. 감정을 갖지 않는다는 건 불가능하기 때문이다. 우리가 생각을 멈출 수 없듯이 감정의 느낌 역시 막을 수 없다. 사람들은 항상 어느 정도의 행복이나 슬픔, 흥분이나 좌절, 고통이나 즐거움이라는 감정을 전기 스위치처럼 on/off를 반복한다.

혹여 당신이 일할 때마다 감정을 억제할 수 있다고 해도, 정말로 감정을 억제하는 것은 바보 같은 짓이다. 일이 쉬워지기는커녕 되레 어려워지기 때문이다. 감정은 당신이 갖고 있는 여러 관심들의 중요성에 대해 알려주고, 개인적으로 관심을 갖고 있는 인격적 존중이나 목표 달성 등에 집중하게 해준다. 또 동료에게 무엇이 중요한지도 알려준다. 예를 들어 동료가 어떤 일에 열정적으로 관심을 피력할 경우, 당신은 그 관심이 중요하다고 여긴다. 동료의 관심과 우선순위를 이해하기 위해 며칠씩 씨름하기보다는, 상대의 감정을 배움으로써 시간과 에너지를 아낄 수 있다.

게다가 감정은 무시할 수가 없다. 감정을 무시하고 싶어도 감정이 당신을 무시하지 않는다. 일을 하면서 감정이 당신의 몸에 미치는 중요한 사실들을 놓쳐서는 안 된다. 이를테면 감정이 몸에 영향을 주면 땀이 나거나 얼굴이 상기되거나 웃음이 터지거나 마음이 조마조마해진다. 실망하거나 화가 나서 머릿속이 부정적 생각들로 채워지면 자기 자신이나 동료를 비난하고 싶어진다. 기분이 들떠 있을 때는 상대를 안아주고 싶다는 충동이 느껴지고, 분노했을 때는 때려주고 싶다는 생각도 든다.

그러고 보면 감정은 주변의 자극이나 대상, 상황이 자신에게 어떤 의미가 있는지, 목표에 어떤 방향으로 영향을 미치는지, 어떤 상태에 있는지 등 다양한 정보를 제공한다. 원만한 직장생활을 할 수 있도록 해주고, 수많은 선택과 문제 상황 속에서 올바른 결정을 할 수 있도록 도와준다. 감정을 억압하거나 무시하지 말아야 하는 이유가 여기에 있다. 다만 감정이 주는 정보를 읽고 어떻게 처리하고 활용할 것이냐는 각자의 몫이다.

그렇다면 어떻게 감정을 파악하고 관리할 것인가?

1. 정확한 원인을 찾아 생각을 바꿔라

감정은 자극이나 상황에 대해 어떤 평가를 내리기 때문에 발생한다. 그 자극에 유사한 평가를 반복함으로써, 불쾌한 감정을 반복적으로 느끼게 된다. 만약 감정을 유발한 원인을 제대로 알지 못한다면, 다시 그 자극이나 상황이 반복되면 그 감정이 되풀이된다. 어떤 자극에 어떤 평가를 내려서 그러한 감정을 느끼게 되었는지 파악하여, 그 평가를 달리하면 감정 또한 달라진다.

예를 들어, 상사가 다른 동료보다 유독 나에게만 일을 많이 시킨다고 가정해보자. 그래서 야근을 하거나 심지어 주말에도 일하는 경우가 생긴다면 그때마다 스트레스를 받을 것이다. 그러다 문득 일을 할 때마다 '내가 만만하기 때문에 나한테만 일을 시킨다' 고 생각해왔다는 사실을 깨닫게 되고, 그 순간 자신의 스트레스는 일 자체가 아니라 이런 생각이 원인이었음을 알게 된다. 그렇다면 '내가 이 일을 잘하기 때문이야. 잘하지 못하면 시키지도 않을 거야'라고 생각을 바꾸면 마음이 편해진다.

이처럼 불쾌한 감정을 유발하는 원인을 합리적이고 대안적으로 바꾸어 생각한다면, 불쾌한 감정은 완화되고 좀 더 긍정적인 감정을 느낄 수 있게 된다. 즉 감정의 원인을 이해하고 생각을 바꾸는 것은, 감정을 조절하는 데 반드시 필요한 방법이다. "생각을 바꾸면 세상이 달라진다."는 말이 있다. 생각을 바꾸면 감정이 달라지고, 감정이 달라지면 세상을 바라보는 태도 또한 달라지기 때문이다.

2. 상황을 그대로 받아들여라

불쾌한 감정은 현재의 상황을 있는 그대로 받아들일 수 없기 때문에 생겨난다. 가령 내가 주는 만큼 동료도 나를 배려하고 도움을 주어야 하는데, 원하는 만큼 얻지 못했기 때문에 서운하고 실망하는 것이다. '저러면 안 되는데!'라는 생각 때문에 화가 나는 것이다. 나를 좋아해야 하는데 그렇지 않기 때문에 슬퍼지고, 주어진 일을 잘 처리해야 하는데 그렇지 못할까 봐 불안한 것이다. 이 정도는 되어야 하는데, 그에 미치지 못하기 때문에 못마땅해지는 것이다. 결국 자신에게 일어난 일들을 받아들이지 못해서, 또는 부정하기 때문에 불쾌한 감정을 느끼게 되는 것이다.

만약 상황을 그대로 받아들인다면 어떻게 될까? '그래, 그럴 수도 있지', '저렇게 행동할 수도 있지'라고 생각하면 마음이 누그러지고 편안해진다. 이처럼 자신에게 일어난 일이나 상황을 그대로 수용하는 태도야말로 불쾌한 감정을 조절하는 데 가장 효과적인 방법이다.

3. 감정을 있는 그대로 받아들여라

불안해하면 안 된다고 생각할수록 더 불안해지고, 조급해하지 말아야지 생각할수록 더 조급해진다. 슬픈 일이 있는데 '난 괜찮아'라고 묻어두려고만 하면 슬픔은 더 커진다. 그럴 때는 자신의 감정을 감추지 말고 실컷 울고 나면 오히려 슬픔은 가라앉는다. 그러면 '좋다, 까짓 것, 그 정도 가지고 뭘', '그럴 만한 사정이 있겠지' 하며 또 다른 희망과 동기가 생기기도 한다.

체험적 심리치료의 선두주자였던 그린버그는 "두려움을 없애는 유일한 방법은 두려움을 느끼는 것이다."라고 했다. 최근 사람들에게 많이 나타나는 강박장애와 사회공포증, 공황장애의 공통점은 무엇일까? 바로 불안이라는 감정이 핵심인 불안장애라는 점이다. 불안장애를 지닌 사람들은 불안이 두려워서 회피한다. 예를 들어 공중화장실에 가면 병균에 전염될까 봐 밖에 나가면 화장실을

가지 않거나, 실수하면 비웃음을 당할까 봐 다른 사람들과 함께 일
하는 상황을 피하려고 한다.

불안장애의 핵심은, 이 회피가 오히려 두려워하는 대상이나 상
황에 더욱 불안감을 느끼게 하고, 그로 인한 불안이 증폭된다는 것
에 있다. 자꾸 감정을 회피하다 보니 더욱 불안해지는 것이다. 반
대로 불안을 마주하고 느끼다 보면, 차츰 불안한 감정이 줄어드는
것을 알게 된다.

두려움을 마주해야 두려움이 사라지듯, 감정을 있는 그대로 받
아들이는 자세가 중요하다. 자신이 두려워 가지 않았던 컴컴한 터
널 뒤에는 전혀 생각지 못했던 찬란한 빛이 있을지도 모르기 때
문이다.

4. 일단 행동하라

불쾌한 감정을 유발한 상황을 개선할 수 있는 구체적인 행동을
함으로써 감정을 조절할 수 있다. 며칠 뒤 프로젝트에 대한 보고를
해야 하는데 어떻게 시작해야 할지 몰라 불안하다면, 주어진 시간
안에 효과적으로 보고서를 작성할 계획을 세워 일단 작은 것이라
도 시작한다. 동료에게 사과를 못해 계속 불편하다면 동료를 찾아
가 사과하는 용기를 내고, 원하는 팀으로 이동을 못해 걱정이라면
지원서를 내 협의해본다.

불안해서, 막막해서, 부담스러워서 아무것도 못하고 있다면, 당

신에게 필요한 것은 직접 뛰어드는 일뿐이다. 당장 시작하라. 모든 것은 단번에 이루어지지 않는다. 하나하나 쌓다 보면 어느 순간 만리장성이 되고, 베르사유 궁정이 완성될 것이다.

감정 관리 10계명

1. 일단 참자!

감정 관리는 최초의 단계에서 성패가 좌우 된다. '욱'하고 치밀어 오르는 화는 일단 참고 볼 일이다.

2. 원래 그런 거야

상사나 동료들이 속을 썩일 때는 직장생활이란 '원래 그런 거야' 라고 생각하라. '남들이 어떻게 내 속마음까지 충분히 헤아려주겠어?' 라고 생각하라.

3. 웃긴다

세상은 생각할수록 희극적 요소가 많다. 괴로울 때는 심각하게 생각할수록 고뇌의 수렁에 더욱 깊이 빠져든다. '웃긴다'고 생각하며 문제를 단순화시켜라.

4. '좋다, 까짓 것, 그 정도 가지고 뭘'

어려움에 봉착했을 때는 '좋다, 까짓 것, 그 정도 가지고 뭘 괴로워 하냐?'라고 통 크게 생각하라. 크게 마음먹으려 들면 바다보다 더 커질 수 있는 게 사람의 마음이다.

5. 그럴 만한 사정이 있겠지

억지로라도 상대방의 입장에 서보라. '내가 저 사람이라도 그렇게 할 수밖에 없었을 거야', '뭔가 내가 모르는 사정이 있어서 저럴 거야'라고 생각하라.

6. 내가 왜 당신 때문에 속을 끓여

당신의 신경을 건드린 사람은 별 일 없이 잘 지내고 있는데, 그 사람 때문에 당신이 속을 바글바글 끓인다면 억울하지 않는가. '내가 왜 저 인간 때문에 속을 썩어야 하지? 속 끓이면 나만 손해지'라고 생각하라.

7. 이 또한 지나가리라!

지금 속상한 일도 며칠, 아니 몇 시간만 지나면 별것 아니게 된다는 점을 깨달아라. 너무 속상할 때는 '이 또한 지나가리라!'라는 생각으로 좀 참고 기다려라.

8. 세상만사 새옹지마

복福과 화禍는 지금의 상황으로만 판단할 수 없다. 지금 괴롭고 힘든 일이 훗날 내 삶의 어려운 고비를 잘 넘길 수 있는 보약이 될 수 있음을 명심하라. 속상한 자극에 연연하지 말고, '세상만사 새옹지마塞翁之馬'라고 생각하며 심적 자극에서 탈출하려는 의도적인 노력을 기울여라.

9. 즐거웠던 순간을 회상하라

괴로운 일에 매달리다 보면 한없이 속을 끓이게 된다. 즐거웠던 지난 일을 떠올려보라. 한결 기분이 좋아진다.

10. 눈을 감고 심호흡하라

속이 상할 때에는 조용히 눈을 감고 심호흡을 해보라. 그리고 치밀

어 오르는 분노는 침을 삼키듯 '꿀꺽' 삼켜라.

함께 가는 방법이 다르다

• 자신이 감정적으로 굴었거나 감정을 드러내지 않았던 경험을 찾아보자. 그 이유는 무엇인가? 그때는 어떤 감정이었는가?

____

____

____

• 다른 사람이 건드리지 않기를 바라는 나의 감정은 무엇이며, 그것을 건드렸을 때 나는 어떤 기분과 생각이 드는가?

____

____

____

• 감정을 파악하고 관리하는 자신만의 방법은 무엇인가?

____

____

____

지금까지의 경쟁 방식은 이제 그 생명을 다했다. '더 많이, 더 빨리'는 오히려 실력과 마음가짐, 인간관계를 해치고, 시간이 지날수록 스트레스만 늘고 성과는 떨어뜨린다. 만약 지금의 경쟁 방식을 그대로 고수해 나간다면 10년 후 당신은 어떤 모습일까? "같은 방법을 반복하면서 다른 결과를 기대하는 사람은 정신병자다."라는 아인슈타인의 말이 떠오른다.

남들이 골머리 썩는 문제를 누구와 일해도 척척 해결하는 사람이 있다. 다른 사람에게는 문제도 안 되는 일로 혼자 진땀을 빼는 사람도 있다. 왜 그럴까? 이 차이를 알고 싶다면 '함께 일하고 싶은 사람'의 비밀이 무엇인지 찾아봐야 한다.

이 책에서 소개하고 있는 '함께 일하고 싶은 핵심 인재의 비밀'들은 저자가 오랫동안 회사의 핵심 인재를 진단하고 관찰하며 얻은 특징들이다. 특히 도움을 많이 준 핵심 인재들의 얼굴들이 떠오른다. 몇몇 핵심 인재에게는 개인적으로 전문적인 다양한 조언을 들을 수 있었다. 사실 그들이 말하는 '함께 일하고 싶은 사람이 되는 비밀'은 너무나 단순하다.

좋은 품성으로 사람을 끌리게 하고, 자기 분야에서 실력을 갖추고, 부단한 노력으로 끌림을 유지하면 된다는 것이다. 문제는 언제나 '실천력'에 있다. 아무리 모든 비밀을 안다고 한들 실천하지 않는다면 무용지물일 수밖에 없기 때문이다. 직장에서 함께 일하고 싶은 사람보다 일하고 싶지 않은 사람들이 훨씬 더 많은 이유가 여기에 있다.

함께 일하고 싶지 않은 사람들에게도 공통점이 있다. 하나는 문제 자체를 인식하지 못하거나 자신에게 문제가 있다는 사실을 인정하지 않는다는 것이고, 다른 하나는 효과적인 해결책을 알고 있다 해도 그것을 실천하지 않는다는 것이다.

"성공 노하우가 분명한데도, 이를 실제 행동으로 옮기는 사람은 1%밖에 되지 않는다. 그러므로 성공은 아주 간단하다."

일본의 경영 컨설턴트 간다 마사노리가 한 말이다. 그에 따르면, 책을 통해 배운 지식을 실천하지 않는 사람이 99%나 된다. 그렇다, '함께 일하고 싶은 사람'이 되는 것은 간단하다. 비밀을 아는 것으로 그치는 99%에서 빠져 나와 행동으로 실천하는 1%의 사람 안에 들어가면 되는 것이다.

'나중이 아닌 지금!', '내일이 아닌 오늘!'이라는 생각으로 한 번에 하나씩, 하루하루 비밀을 실천하다 보면, 조만간 지금까지와는 완전히 달라진 자신의 모습을 만나게 될 것이다.

‘함께 일하고 싶은 사람’에게 요구되는 특징은, 아무리 시간이 흘러도 그 유형만큼은 크게 변하지 않을 것이다. 이는 우리의 생각만큼 ‘회사가 원하는 인성은 크게 바뀌지 않는다’라는 믿음에 바탕을 두고 있다. 어쨌든 ‘함께 일하고 싶은 사람’에게 요구되는 본질은 포장을 어떻게 하든지 단기간에 큰 변화를 보이지는 않을 것이다. 그러므로 충분히 예측 가능한 일들이 많다. 여기서 예측 가능하다는 말은, 사전에 제대로 준비할 수 있는 시간이 있다는 의미이다.

‘함께 일하고 싶은 사람’이 되기 위해 준비하는 많은 독자들에게 이 책이 큰 역할을 할 수 있기 바란다. 결국 성공은 준비하는 자의 몫이라는 사실을 기억하라. 당신의 성공을 기원한다.

한봉주

『감정 독재』 강준만(2014), 인물과 사상사

『공피고아』 장동인 · 이남훈(2010), 샘앤파커스

『관계의 본심』 클리포드 나스 · 코리나 옌, 방영호 역(2011), 푸른숲

『관점을 디자인하라』 박용후(2013), 프롬북스

『끌리는 사람은 1%가 다르다』 이민규(2005), 더난출판

『나는 감정에 왜 서툴까?』 이지영(2013), 청림출판

『나는 왜 사라지고 있을까』 정현천(2011), 리더스북

『립잇업』 리처드 와이즈먼, 박세연 역(2013), 웅진지식하우스

『말, 함부로 하지 마라』 스티브 나카모토, 황혜숙 역(2011), 비즈니스북스

『무엇이 우리의 성과를 방해하는가』 토니 슈워츠 외, 박세연 역(2011), 리더스북.

『문제를 해결하는 기획』 한봉주(2014), 초록비책공방,

『배려의 기술』 지동직(2006), 북스토리.

『비서처럼 하라』 조관일(2007), 쌤앤파커스

『실행이 답이다』 이민규(2011), 더난출판

『심리학의 즐거움』 쥬디 윌리암스 · 크리스 라반, 김문성 역(2005), 휘닉스

『어떻게 자신을 변화시킬 거인가』 한봉주(2014), 미래지식

『오리진』 김상용 · 김성윤(2013), 라온북

『의지력의 재발견』 로이 F. 바우마이스터 · 존 티어니, 이덕임 역(2012), 에코리브르

『잘 나가는 사람은 20대가 다르다』 코미야 겐이치 · 시가키 주로, 송소영 역(2013), 한국경제신문

『적도 내 편으로 만드는 대화법』 이기주(2013), 황소북스

『진정성이란 무엇인가』 윤정구(2012), 한언

『회사가 붙잡는 사람들의 1% 비밀』 신현만(2009), 위즈덤하우스

『SK Story』 http://blog.sk.com/

함께 일하고 싶은 사람은
1%가 다르다

초판 1쇄 발행 2014년 7월 15일

지은이 한봉주
발행인 김제구
펴낸곳 리즈앤북
인쇄·제본 한영문화사

출판등록 제22-741호 (2002.11.15)
주소 121-841 서울시 마포구 서교동 446-36 y빌딩 2층
전화 02)332-4037 팩스 02)332-4031
이메일 ries0730@naver.com

값 13,000원
ISBN 978-89-90522-85-6 13190